ソリスト《独創するヒト》の思考術

第六巻

和紙作家

堀木エリ子の生きる力

六耀社

ソリスト《独創するヒト》の思考術　堀木エリ子の生きる力

目次

写真（ジャケット、各章扉裏、87頁上）　寺崎道児
装丁　WHITELINE GRAPHICS CO.

プロローグ

仕事がら、一般雑誌やテレビ番組の取材を受けることがある。そのたびに、「ところで、ご趣味は?」と尋ねられる。私は、いつも「仕事です」と答えるのだが、相手は必ず困惑した顔をする。仕事が趣味でなぜ悪いの? と思い続けて二十五年、いまも変わらず私の趣味は仕事だ。

かといって仕事以外は何もしないわけではない。スキーもするし、ゴルフもする。プールにも行くし、映画も観る。音楽も好きだし、友人と旅行にも行く。どれも大切な時間だけれど、より深めて趣味の域にまで到達することはないため、私にとってそれらは「気分転換」ということになる。

私は和紙で作品をつくっている。和紙といっても一般的な和紙ではない。福井の工房では、昔ながらの紙漉《かみす》きの手法を基本にして、畳三畳分の大きな和紙を五人の職人さんと五人のスタッフ、総勢十人がかりで制作している。京都の工房では、独自の手法で立体的な和紙もつくるし、いままでにない大きなサイズの和紙も漉き上げる。そして仕事の内容は、長靴を履いて紙を漉くところから、地下足袋にヘルメット姿で工事現場に作品を搬入するところまで、多岐にわたる。

千五百年も前から受け継がれてきた紙漉きという伝統技術を現代の生活空間に生かし、可能性を広げながら次の世代へ引き渡していく。そのために新しい表現や技術開発をするのが私の仕事だ。

和紙はすべて受注制作だから、私は設置場所の図面やイメージなどを確認してから、デザインをする。和紙のデザインといっても絵を描いて表現するのではなく、昔ながらの白い和紙を漉く段階でさまざまなものを加え、凹凸や厚薄の表情をつけた作品にするのだ。あるときは、たわしに水を含ませて水滴を投げつけ、あるときは、ゴムチューブをムチのように紙にたたきつけたりしながら、水や繊維と格闘する。

紙漉きは、かなりの偶然性が作用するので、なかなか思い通りにはならない。そこがまた面白いし、和紙の魅力でもある。作品として仕上げるまでの作業は、スリルに満ち溢《あふ》れている。思いもかけない素晴らしい風合いの模様が出来上がることもあるし、目も当てられない大失敗もする。それがまた、紙漉きの醍醐味《だいごみ》なのだ。

「白い紙（カミ）は神（カミ）に通じる」

黙々と和紙を漉いている職人さんからこの言葉を聞いたとき、私は、この精神を多くの人に伝えていこうと心に決めた。「白い紙は不浄なものを浄化する」というのが、職人さんたちが昔からもっている精神性だ。

白い和紙でつくられた祝儀袋にお金を包んだり、お中元やお歳暮の品物に熨斗紙《のし》と呼ばれる白色の掛け紙をするのは、お金や品物を浄化して人に差し上げるという行為で、日本で行われてきた古くからの慣習であり、美学だ。職人さんたちはそんな精神に支えられて、より不純物のない白い和紙を追求し、日本独自の文化をつくりあげてきた。神々へのお供えを白い和紙の上に置き、白い和紙でつくられた紙垂《しで》を注連縄《しめなわ》に飾るなど、あらゆる神事にも使われてきた。和紙は、自然と人とが深い関わりをもって行われてきた文化の一つだ。

私が和紙をつくるのは、和紙が好きだからというわけではないし、美しい和紙に魅せられてという理由でもない。和紙を漉いている職人さんの精神性や、極寒の工房で黙々と紙を漉く営みの尊さに衝撃と感銘を受けて、その営みを次世代につないでいかなくてはならないという強い思いから、ひたすら和紙をつくる。

和紙という一つの素材と真っ向から向き合い、新たな進化を目指す毎日の中で、最も大切にしているのは自分自身の強い使命感、腹の底から湧き出るパッション（情熱）をもち続けることだ。

私たちの紙漉きは、白い和紙の原料を色素で染めた紙素《しそ》や、いろいろな素材を漉き込んでデザインをしていく。それは白い無垢《むく》の和紙ではないが、制作途中に、そこに神が宿っているように感じることがある。水の流れや繊維の状態によって起こる偶然性は、人間が思った通りに仕上げようという作為をあざ笑うかのように、一方的な思いを浄化してくれる。この人間の作為と自然が織りなす偶然性がバランスよく結実した作品は、見ていて飽きない。しかし、思い通りの作品ができて、よい仕事が残せたとしても、多くの人たちに和紙の可能性が認知され、和紙が生活の中で実際に使われていかないと文化にはならない。人の役に立つものでなくては、その技は後世に残らないのだ。

行きつ戻りつ和紙と格闘している私は、楽しみながら仕事をしているとはいえ、さまざまなストレスも抱え込む。でも、仕事で受けたストレスは、仕事で解消するのが私のやり方だ。そしてまた、私は仕事にのめり込んでいく。まさに仕事が趣味なのだ。こうして、二十五年間、私はさまざまな和紙を漉いてきた。

私が和紙を漉いている福井県越前《えちぜん》市は、越前和紙の昔からの産地だ。そこには紙の神様のお社《やしろ》がある。日本には八百万《やおよろず》の神がいるとされているが、紙の神様がいるのはここだけだそうだ。しかも紙の神様は、女性だと聞く。

二十年ほど前、この地のお祭りに遭遇したことがある。職人さんたちが松明《たいまつ》を持って山に登ると言うので、私も同行した。険しい坂道で、しかも雨の中、私は何とか職人さんたちの後ろからついて行った。川上御前という女性の神様に「ご挨拶《あいさつ》に参りました」と手を合わせ、石段を降りようとしたとき、雨で濡れた階段で足を踏み外し転げ落ちてしまった。

女性の神様は、女性に厳しいとは聞いていたが、そもそも神様にお祈りをしたらよい紙が漉けるだろうという他力本願の気持ちがあったから、そのような目にあったに違いない。自然と人間の関係も人間と技術の関係も、傲慢《ごうまん》な考えで支配しようとすると、ろくなことはない。そのことを心に秘めながら、私はいまも和紙を漉き続けている。

思い起こしてみると、和紙の仕事を始めたころの私は、ミーハー気分で何を見てもワクワクしていた。雑誌を見れば、私もこんなふうに取材を受けてみたいと思った。書店に並ぶ作品集を見れば、私ならどういう作品集を出そうかと考え、講演会に行けば、私もこのようにイキイキと自信をもって自分の仕事について語りたいと思い、テレビを見れば、私もいつかこんな番組にクリエイターとして出演したいものだと心がときめいた。

何も知らず何もわからない無知な私だったから、できることも知らず、できないことも知らなかった。わからないけれど、やってみたらできたということを繰り返して、今日に至っている。私が取得した立体和紙を漉く技術や、水滴で穴を開けて十メートルもの大きな和紙を漉く手法は、まさに子どもの発想から生まれた特許と言えるだろう。当たり前だと思われていることにあらためて疑問をもつということから、新しい視点を生み出す日々だった。伝統的な和紙の漉き方などを知らないからこそ導き出せた方法なのだと思う。

頭の中でこうしたいと思ったことは、必ず実現できる。人間の考えうる可能性に不可能はない。この確信だけが、私を次なる新しい和紙の開発へと向かわせるのだ。

第一章　和紙との運命的出会い

実学からの出発という選択

生まれは京都で、育ちは大阪。そして私のルーツは両親の出身地である伊勢だ。父は普通のサラリーマンで母は専業主婦という、当時のごく平均的な日本人の家庭環境の中で育てられた。

小さいころから両親のことが大好きだった。父は無口で、家族ともあまりしゃべらない人だったが、私がいい成績をとってきたりお利口にしていたりすると、ニコッと笑ってくれる。それが嬉《うれ》しくて、勉強も頑張っていたのだと思う。兄が悪さをして叱られているのを見て、私のほうは心配をかけないように、いつもいい子でいたいと思っていた。

中学でも高校でも、成績は悪くなかったし、一生懸命勉強をしていた。いま思い返してみても、いつも一番前の席に座っている本当にまじめな生徒だった。同級生からすれば、敬遠したくなるような優等生タイプだったのかもしれないけれど。

中学のときのクラブ活動は、剣道。テニスにも首を突っ込んだことがある。父が昔、剣道をやっていたと聞いていたし、テニスの試合をテレビ観戦するのが好きだったから、親も喜んでくれるだろうという意識がどこかにあったのだと思う。高校では、三年間陸上競技部に在籍していた。陸上部のコーチがカッコよかったからで、コーチに「堀木、陸上部に入らないか」と誘われて、何となく入部してしまったのだ。

いつやめようか、もうやめようかと思っていたけれど、続けていればいつか速く走れるようになるかもしれないというひそかな期待も捨てていなかった。何より、小さいころから途中で投げ出すのが嫌いだった。自分で始めたことは、最後までやり通す性格だったから、選手になれなくてもあきらめないで一番後ろを走っていた。ときにはいじめられ、友人たちの輪にも入れずに疎外感も味わいながら陸上部に居続けていたら、二年生の後半ごろからタイムが上がりだした。


さまざまな面で模範的な高校生活を送っていたように思っていたが、さて、卒業後の進路をどうするかというときになって愕然《がくぜん》とした。

「大学進学はどうする?」と聞かれて、困ったのだ。行きたい大学を選べない、学びたい学科が選べない。自分はどうしたいのか、将来の夢さえないことに気がついてしまった。一日、一日、その日々は、確かに一生懸命だった。でも、「将来こうなりたいから、いま取り組む」というのではない。一体、私はこれまで何をやってきたのだろうと、ショックさえ覚えた。

英語以外は、どの科目も大好きで得意だったから、どれか一つの学科を選ぶのは難しい。

文系でも、理系でも、芸術系、体育系だってどれもよさそうだし、教員を目指すこともできたと思う。でも、もし、みんなが大学に行くのだから私も進学するのが当然というだけで何か一つを選んだとしたら、自分自身の可能性を狭めてしまうことになるのではないかという気持ちがどこかにあった。

大学で学ぶことは、この先、何かやりたいことが見つかったその時点からでも遅くはないだろう。その前に、人としてどうあるべきか、何を目指す人間になるかということを学ぶほうが先でもよいのではないかとも思った。専門分野を学んでから人としての磨きをかけるか、人間を磨いてから専門分野を追求していくか、どちらにしても同じことで、学歴は、あまり問題ではないと思っていた。

「人としてどうあるべきかということを、幅広く教えてくれるようなところに就職したい」

進路指導の教諭に相談をすると、即座に「銀行」という答えが返ってきた。銀行員の仕事は幅広い。特に窓口業務には接客もあるし、金銭の扱いも覚えることができる。正確さやスピードも求められる。幅広い人間教育をしっかり行ってくれるはずだと言うので、「わかりました。銀行に就職します！」と、決断は速かった。

当時、最も就職が難しいとされていた旧住友銀行の試験を受けることにした。

私は子どものころから、もし低い壁と高い壁があったら、絶対に高い壁のほうに向かって登っていく、チャレンジ精神とでも言える傾向があったようだ。結局、最難関の銀行に入行し、望み通り窓口業務についた。

実は、母も結婚するまでは銀行員だったし、祖父も銀行の支店長をしていた。銀行勤めだったら、進学をしなくても家族は理解してくれるに違いないと感じていた。女性は進学するよりは、結婚して子どもを産んでいいお嫁さんになるほうがいいという考えがまだ根強く残っていた時代だ。だから私が銀行に就職すると決めたとき、両親は「きっといい結婚ができるに違いない」と内心喜んでいたフシがある。私は、言い出したら引かない頑固な性格だということも、もちろんわかっていただろう。

ディスコで出会ったご老人

こうして希望通り銀行員になった私だが、銀行に入った途端にハジケてしまった。幼稚園のころから、「エリちゃんはいい子」「エリちゃんは成績がいい」「エリちゃんは賢い」とほめられることが、自分の喜びでもあり誇りでもあったのだが、頑張り続けてきた私の気持ちの糸が伸びきって、プチンと切れてしまったのだろう。

朝は一番遅く銀行に入り、夕方は誰よりも早く飛び出て遊びにいくという、いま思い返すと、最も悪い見本の銀行員だった。帰りには必ず喫茶店に寄って、同僚とグチを言い合っていた。

よく失敗もして、上司から叱られた。でも、周りの人たちには負けたくない、常に一番でいたいという気持ちだけは強く、定期預金の顧客を何件とるとか、積立預金を何件とるなどというノルマは、きちんと果たしていた。

当時、上司がいつも私に言っていた言葉が、「堀木さん、私が言いたいのは、それ以前の問題なんですよ！」。

それ以前って一体何なのかということさえわかっていなかったが、いまや私がスタッフに向かって、「私が言いたいのは、それ以前の問題です！」と叫んでいる。もしその当時の私がここにいたら、「目の前に座りなさい」と言って説教しただろう。全く始末に負えない女の子だった。

週末は、決まってディスコ通い。ちょうど〝マハラジャ（ＭＡＨＡＲＡＪＡ）〟などのディスコクラブが全盛期で、私もディスコで踊り狂っていた。自分で稼いだお金で思いっきり遊べるのは、これまで経験したことのない気持ち良さだった。

職場は大阪、ディスコも大阪。そのディスコクラブで「健康のために、若い人たちと一緒にいたい」と、毎週京都から踊りにやって来るご老人と友だちになった。いろいろ話をするようになって、私のことを、「ほかの子とは何か違うものをもっている」と思ってくださったのかもしれない。ある日、「ちょっと話がある」と声をかけられ「息子が京都で新しい会社を起こすから、経理事務として来てくれないか」と誘われた。銀行員四年目のことだった。

大学に行く代わりに、四年間、社会勉強のつもりですでに銀行に勤めていた私は、この話を自然に受け止めることができた。同級生たちは、大学を卒業する時期だ。就職活動が終わってみんな将来の道筋を決めているのに、私だけが次のステップについて漠然としか考えていなかった。それなら求められるところに行ったほうがいいのではないかと思い、誘われるまま経理事務として、ご老人の息子さんの会社で働くことに決めた。

そこが、たまたま手漉《てす》き和紙の商品開発の会社だった。デザイナーが四人、大学で版画を教えている顧問の先生が一人、経理事務の私を加えて、六人程度という小さな会社に、私は、大阪から通うことにした。

工房で受けた言葉にできない衝撃

転職して間もないころ、会社のデザイナーたちが福井県の武生《たけふ》（現・越前市）に紙漉きに行くことになった。何にでも興味がある私は同行を願い出た。面白そうだから「バケツ洗いぐらいだったらできると思いますから」と言ってついて行った。

そこで目にした手漉き和紙の職人さんたちの姿が、私の人生を大きく変えることになる。


武生の今立町《いまだて》は、千五百年の歴史をもつ越前和紙の里だ。当時も、手漉き和紙を生業とする家は数多く残っていたようだ。私たちが訪れたのは、県の無形文化財に指定されていた三代目岩野平三郎さんの工房、岩野平三郎製紙所だった。そこでは、総勢六十人ぐらいの職人さんを抱えていた。

一九八四年の二月ごろだったと思う。福井県はいまでこそ雪が少なくなったと言われているが、当時は深雪。ＪＲの武生駅で降りたら、駅前から道路の両脇に二メートルぐらいの高さの雪壁ができていた。

そろそろと車で進むと、山あいから古い家屋が現れる。扉をガラガラと開けて中に入ると、外にいるより中のほうが寒いのにまず驚く。外は日だまりでぽかぽかと暖かいのに、中には暖房もないし、日陰で、窓から光が少しだけ入ってくる程度。床には水が流れているし、閑散としていて冷蔵庫のように寒かったのを覚えている。

そこが紙漉きの工房だった。驚いたのが、指先を入れただけでも痛くなる氷のように冷たい水の中に、肘《ひじ》までつけて働いている職人さんたちの姿だ。腕はすっかり紫色に変色し、外気と体温との差で体から湯気が上がっている。ザッ、ザッ、ザッと紙を漉いたり、繊維のちり取りをしているようだった。

私はその光景を目の当たりにして、「感動した」という言葉では言い尽くせないほどの強い衝撃を受けた。一つ一つの技術が素晴らしいなどということではない。およそ日常生活からかけ離れた状況の中で、紙漉きという営みが千五百年の間続いてきたということに衝撃を受けたのだ。

ただただ、すごい世界だと、心の底から感動して工房をあとにした。

私は、こんな伝統の世界にいたのだ！

ただの経理事務だから、ものをつくる立場ではなかったけれども、ああ、こんな世界のお手伝いをしているのだと、強い感情、パッションが湧き上がってきた。人から与えられたり、何かを聞いて感動するパッションではなくて、体の底から湧いて出てくる感じのパッションだ。これを私はあえて〝腹の底からのパッション〟と呼ぶことにしているが、そういうパッションが湧いてきて、わけもなく「よし、頑張ろう」と思った。

それからは何回も、武生にバケツ洗いとして連れて行ってもらった。職人さんが休みの日曜日に会社でその場所を借り切っていたので、工房に行く機会も多かった。私は、手を動かしながら手漉きの技を覚えていった。見よう見まねだ。

自分が将来、紙を漉くことになるとは思ってもいなくて、ただ面白いからついて行ったのだ。デザイナーたちは、あれこれ考えて、新しい和紙を使った商品づくりを試していた。大きな紙のタペストリーのような壁掛けを、限定何枚という形で販売しようとしていたこともある。今回はどんなものをつくるのだろうかと、私は手漉きの作業を見るのが楽しみになっていった。

インテリアにも使えるような新しい試みも行っていた。いま私たちがつくっている和紙は畳三畳分の七尺×九尺の大きさであるが、そのころは、ひと回り小さい五尺×七尺の和紙をつくっていた。

伝統の尊い営みが失われていく

私が働いていた和紙の商品開発会社の商品には、注目されたものも多かった。

例えば祝儀袋。いまは紅白の水引だけでなく、多彩な色のもの、かわいらしい結び方のもの、多様な柄のものもよく見かけるが、当時、私たちの会社は装飾的な美しい祝儀袋をつくって話題になった。私たちは和紙の文化を残したいという思いでつくっていたし、ほかの商品と差別化するために、手漉き和紙の商品だけを扱い、高級品として販売しようとしていた。

ところが、いくら手漉きでいいものをつくっても、売れれば売れるほど、たちまち機械漉きでできた和紙や、洋紙の世界から似たものが出てくる。百貨店や専門店の売り場では、類似品が手漉きのものと一緒に並んでいた。見た目には、機械漉きも手漉きも変わらない。でも、値段が違う。当然、機械漉きのものは安く、一方で手漉きのものは数倍もする。見た目が変わらないのだから、買う人は安いほうでいいということになる。その結果、手漉きのものが売れなくなっていく。新しい商品を出しても、すぐに同じような現象が起こり、結局その会社は二年で閉鎖されてしまった。

私はそのとき、こうやって高い、安いということでものが測られ、大事なものが消えていくということを目の当たりにした。このままでいいのか、職人さんたちの、あの尊い営みが失われてもいいのか、誰かが何とかしなくてはいけないのではないかという問題意識とともに、何事も黙って見ていられない性格が私を実際の行動に向かわせた。

手漉きの和紙の行く末に危機を感じた私は、「誰か、何とかしてくれないか」と、いろいろな人に相談して回ったが、結局誰も動いてはくれない。興味さえ示さない。「何言ってんの。堀木さん」と、冷たく突き放されるだけ。支援者を探し回っているうちに、誰も助けてくれる人がいないのなら、結局は自分でするしかないと考えるようになっていった。

でも、私にはお金もないし、実家はサラリーマン家庭だから商売のノウハウなんてあるはずもない。私自身がアートとかデザインを勉強したわけでもない。職人さんのところで修業していたわけでもないし、ビジネスを勉強したわけでもない。私の中身は空っぽなのだと気がついた。唯一私がもっていたのは、パッションだけだった。

廃業した会社の社長に、「私がこの仕事を引き継いでいきたいけれども、どうしたらいいでしょうか」と相談をした。元社長は、自分にはどうすることもできないので「君がやりたいんだったら、資料は全部持っていってもいい」と言って、アートの本や和紙の本、山ほどあったいろいろな資料を、そっくり譲ってくださった。

「京都の呉服問屋さんで、アートにも興味があり、アーティストを育てることにとても理解のある社長さんを知っているから、紹介してあげよう」とも言ってくださった。そして、ちょうど閉鎖直前に面接に来た、大阪芸大でグラフィックデザインを勉強して、卒業したばかりの女性と連れだって、紹介された呉服問屋の社長のところにお願いに行くことにした。私が二十四歳、彼女は二十三歳のときだった。

紹介された呉服問屋では、私が一生懸命、「和紙の現状はこうです、ああです」と話しているのに、社長は、帳簿の整理に余念がない。聞いているのかいないのか、「ちょっと手を止めて」とも言えないし、夢中で話し続けていたのを覚えている。そのうち、社長は、数えていたお札を私と新卒女性の間にぽんと置いた。五十万円だったと思う。

「君ねぇ、そんな切羽詰まった顔して僕に話をしてもらってもなぁ。余裕のない顔をしていてもいい仕事はできないから、これで東京にでも行って遊んできなはれ」と言う。

話には聞いていたけれど、京都の旦那衆は、何て羽振りがいいのだろう。祇園の花街も、繊維業界もバブル全盛の時代だ。本当にポンとお金を投げ置くのだ！　とびっくりした。私は迷わず「ありがとうございます」とお金を受け取り、東京へ飛んで行った。

遊んでこいと言われて、はいわかりましたと言われた通りに遊楽三昧《ざんまい》をするわけにもいかない。東京では何がどう流行《はや》っているのか、和紙関連のどのような商品が世の中に出回っているのか。これからお世話になりそうなアーティストやデザイナーに挨拶《あいさつ》をしたり、今後しなければいけないことは何なのかを探るために、いろいろなお店を回り、流行りのレストランをのぞき、十日ほどで、五十万円を全部使い果たした。資料もたくさん買った。

私が銀行員だったからかどうかはわからないが、会社から五十万円をいただいたら、それをどう扱わなくてはならないかということは知っていた。使ったお金は全部領収書をもらい、小遣い帳のようなものと、報告書とは言えない日記のようなものを書き、「こんなことがしたい」という手紙を持って、社長のところに戻った。

あとから思えば、社長はそのお金で私たちをテストしたのだ。「一晩祇園で遊ぶことを思ったら、この子は面白そうだし、五十万円で遊んでこいと言ったときに、本当に遊んで帰ってくるのか、ちゃんと部門として立ち上げることができるような糸口をもって帰ってくるのか、試してみよう」。おそらくそのような思いがあったのだと思う。けれど、当時は社長の思いがわかるはずもなく、あとになって気がついたことだ。

「ＳＨＩＭＵＳ」ブランドの設立

結局、社長流の試験に私は合格した。「よし、こいつにやらせてみよう」ということになって、呉服問屋の新規事業部として、「ＳＨＩＭＵＳ（シムス）」というブランドを設立した。二十五歳のときだ。

「ＳＨＩＭＵＳ」とは、紙（シ・ＳＨＩ）結（ムスブ・ＭＵＳ）という漢字からの造語で、和紙を媒体にして、和紙と異素材、和紙と光、さらに人と人とを結び付けていきたいという思いがこもっている。

女性二人で新規事業部をやっていくのに、どうしたらいいか。

私は知識もなければ、力も財産も持っていない。何も持っていないのだから、とにかく、原点に戻って考えようと思った。

元の会社はなぜ閉鎖されたのかを総括しなければ、私がこれから起こす会社の方向性も定まらない。同じことをしていたら、同じ運命をたどるだけだ。まず、なぜ前の会社は二年間で閉鎖に追い込まれたのかということを考えた。手漉きでどれだけいいものをつくっても、結局、半年後には類似品が出てくる。機械漉きや、洋紙で同じようなものがつくられ、みんなは安いほうを買っていくために、価格競争で負けた結果が、今回の閉鎖なのだ。

なぜ価格競争で負けたのか、さらに考えていくと、それは手漉きの和紙のよさが世間に全く伝わっていなかったということではないか。機械漉きのものに比べて優れているところを、もう少し消費者に説明できていたら、手漉きのものを選ぼうと思う人がいたかもしれない。きちんと手漉き和紙のよさを伝えていなかったから、見た目は同じなので、みんな安いほうを買っていく。

では、機械漉きと手漉きとを比べてみると、手漉き和紙のどこが勝っているのだろうか。

その原点に戻らなければ、結果的に手漉きの和紙のよさを伝えられないし、仕事として発展させていくこともできないと思った。何をつくっても、たちまち機械漉きの商品が追ってくるのだから。

手漉き和紙の素晴らしさを知る

手漉き和紙の特長を考えていくと、二つ見つかった。

一つめは、手漉きの和紙は使えば使うほど味が出てくる。そして、二つめに手漉きの和紙は、長い間使っても強度が衰えない。つまり劣化しにくい。機械漉きのものは、パルプを混入していたり、薬品を使ったりするから、劣化しやすいのだ。

例えば、原料の木の皮のあめ色から、生成《きな》りと呼ばれる和紙独自の白い色にしようとするとき、漂白剤を入れれば早い。ところが、昔の紙漉きの方法では、川で流水に何日も晒《さら》して白くしていく。地方によっては雪の下に埋める〝雪晒し〟という方法で、長い月日をかけて白い色にしていくのだ。

茶色から白にするのに、長い時間と手間暇をかけてじっくりと酸化させていくから、和紙になったあとも酸化は止まらない。だから本当に素晴らしい和紙は、漉きたてよりも、一年後、二年後のほうが白くなる。白くなってからまた少し色が戻る。色は変化するけれど、劣化ではなく、漉きたてよりもむしろ味が出るという感じに変化していくということが手漉き和紙の特長だ。

使えば使うほど質感が増して強度が衰えないから、和紙は建築空間にも使える。長い毛足の繊維を手でゆすりながら絡めるから、手漉きの和紙は強靭《きょうじん》なのだ。強度は、機械漉きのものとは比べものにならない。つまり逆に考えれば、一度使ったら捨てられるものに手漉き和紙は必要ではないのだ。

閉鎖した会社でも、内装材の一部として和紙を使うなどの新しいことを試みたり、消費者に興味をもってもらえるようなものを商品化できるように工夫を重ねていた。しかし、実際に売っていたのは、主に祝儀袋やぽち袋、レターセットに加えて、京都の呉服問屋のノベルティや案内状などだった。

考えてみると、祝儀袋やレターセット、ラッピング用の和紙などのように、一回使ったら捨ててしまうものに、長く使えば使うほど質感が増し、何度使っても強いというような要素は必要ないだろう。一回使ったら捨ててしまうものは、安くて大量にできる機械漉きのもので十分、むしろ機械漉きのほうが用途に合っているわけだ。そこに手漉き和紙を転用しようとするから、できたものは価格が高いということで敬遠される。

では、長く使えば使うほど質感が増す、強度が衰えないという特長が生きる土俵は一体どこなのか。そう考えたときに、「建築・インテリア」に思い至った。

照明器具や襖《ふすま》、障子などは、長ければ十年、二十年、短くても数年は使ってもらえる。「機械漉きの壁紙は半年で茶色くなるけれど、手漉きのものは、三年たっても五年たっても変わらない。強い」ということが浸透していくはずだ。機械漉きのものを一年に一回買い替える人もいる一方で、手漉きで作品的な思い入れのあるものを買って、長年使う人はきっと現れる。私は「建築・インテリア」という土俵で戦おうと決めた。それは原点に戻って初めて見えてきたことだった。

二・七メートル×二・二メートルの和紙に挑む

身近なところを見渡してみると、職人さんが日常、産地で漉く和紙は襖一枚分の襖判と言われる大きさが一般的だった。〇・九メートル×一・八メートル。この大きさが、いわゆる住宅用、襖用として漉かれている和紙のサイズだ。

ところが、現代建築は、商業空間はもちろん、マンションなどの住空間にしても、ダイニングとリビングの壁が取り払われたり、玄関は吹き抜けになっていたり、昔の基準とは比べものにならないほど広い空間になっている。しかし、和紙はいつまでたっても襖判。これでは可能性が限られる。そこで、職人さんにもっと大きな紙が漉けないかと尋ねた。「何言っとんのや。できるよ、大きな紙も」と言う。「昔、横山大観という有名な日本画家に大きな和紙が欲しいと言われて、つくった道具があるんや。畳三畳分くらいの大きさや」と言うではないか。二・七メートル×二・一メートルだ。道具が残っているとは言っても、技術がなければ漉けない。技術はどうなのかと聞いたら、「漉けるよ。五人がかりなら」という返事が返ってきた。

「五人がかりで漉けるんだったら、漉いてください」

しかし、職人さんたちは、「五人がかりで漉く紙なんて、いくらの紙になると思うんや。そんなに高価な紙を誰が買うんや。できへん」とそっけない。

「できへん」と言われると、「何でできないの」と聞きたくなる。職人さんは、私が何か新しいことを言うたびに、まず「できない」と言う。そして、できない理由を「ああだからできない」「こうだからできない」と見事に言い切る。でも私は、できることも知らないけれど、できないことがあることも知らないのだ。

「私が売りますから、まずはやってみてください」と頼み込んで、二・七メートル×二・一メートルのサイズの大きな和紙を漉いてもらう。漉くという作業は職人さんの専門分野だから、まず漉くことをしてもらう。

職人さんが和紙を漉いている段階と、私とスタッフが和紙を取り囲んでいろいろな細工をしている段階とは、全く違う次元だ。同時に作業をすることはあまりない。

私たちは、職人さんが漉いたばかりの和紙に手を加えていくのだが、「漉いた和紙を吊り上げてここに伏せてください」などと頼む。職人さんが「できへん」と言うのだったら、「じゃあ、いいですよ。私たちがしますから、置いといて、少し待っていてください」と、自分たちで作業をする。

その繰り返しで、新しくいろいろなことができるとわかってくると、職人さんも一緒に手伝ってくれるようになってきた。つまり、私はできないことを知らないから、何でも自分でやってみる。工夫しながら取り組んでみたら、できそうなきっかけが見つかることもある。発見したきっかけを職人さんのところにもっていくと、「下手くそ。貸してみろ」と手を貸してくれる……。そのようなやり取りを何度も繰り返しながら、不可能と言われたことを少しずつ可能に変えていった。

二・七メートル×二・一メートルのサイズは、建築にふさわしい寸法だ。例えば、住空間は一般的な天井高が二・四メートルある。横長にして使えば、ちょうどその空間にスッと入る大きさだ。

商業空間もだいたい二・七メートルから三メートルの天井高だから、縦長にして二・七メートルでうまく入る大きさというわけだ。よいバランスで条件にかなっていると思って、私はその寸法をこれからつくる商品の基本サイズにしようと考えた。

このサイズは、機械漉きには絶対に真似ができなかった。いまは、普通の白い和紙ならこれに近い寸法はつくれるようになってきたけれど、当時は手漉き和紙でなければできない大きさだったので、迷わず決めた。

時のうつろいを演出する

まず制作の方向性を定め、商品の基本となる大きさを決めて、次に、どんな表情で、どんな仕上がりの和紙にするのかということを考えなくてはならない。

私は、原点に戻ろうと沈思黙考した。和紙には、千五百年の歴史がある。いまだに伝統産業として漉かれているということは、長年、和紙が愛され親しまれて使われてきたということの証しだ。和紙はなぜ、こんなにも長い間愛されてきたのか。一体どんな魅力があるのか。

日本家屋で代表的な和紙の使われ方は障子だ。では、障子の魅力とは何なのか……。私の思考は和風建築の原点へと向かっていく。

そもそも日本の家屋に障子が用いられるようになったのは、八世紀末のころだと言われている。障子は、縦横に木の桟が交差する緊張感のある格子に、白くて柔らかく温かな和紙が貼られている。その姿だけでも日本の美学ではないか。白い紙の障子は、簡素で清楚な美しさがある。

日本人は、古来から、自然の中に身を置くことで安らぎを覚えてきた。障子の薄い紙一枚で外界との接触を保ち、暮らしを楽しむ。障子で外との隔たりをつくりながら、空気や光や音も、そして湿度もちょうどいい具合に外とのつながりを保つ。例えば、太陽の一日の動きに添って障子に映る影が変化していく。影の濃淡が変わるにつれ、「あ、いま曇ったな」「晴れたな」ということを、室内にいながら感じることができるのだ。

紅葉の季節なら、庭のもみじの色の反射が、ほのかな赤い光になって障子越しに室内に入ってくる。部屋の中にいても「ああ、きょうは満月か」と、月の明かりが感じられる。そういうことが結局、風情や情感と言われる日本人独自の精神性や美意識を生み出してきたのだろう。

「和紙の肌理《きめ》に温かみを感じ、心が落ち着く」と言ったのは、作家の谷崎潤一郎だ。「光線を跳ね返すような趣をもつ西洋紙と違い、和紙の肌は柔らかな初雪の面のように、ふっくらと光を吸い取り、物静かでしっとりとしている」と、著書の『陰翳礼讃《いんえいらいさん》』にある。

障子の和紙を通して忍び込む光は、ほんのりと明るく外界の動きを映し出す。光が「うつろう」ということ、時間の経過を感じ取ることができるということこそ、和紙の魅力だ。


ビルの地下には窓がない。窓がないけれど壁に障子を当てはめ、後ろからライティングを施して、「和の空間です」「和風です」という和食レストランを見かける。しかし、何か納得しづらい。形態を模写しているだけで、魅力が出しきれていないと私には思えるのだ。きっとそこには、うつろう表情がないからではないか。

建物が密集している東京などの大都市では、窓を開けたら、四十センチ向こうは隣のビルの壁だったというケースはよくあること。窓からは自然光が入ってこないという場所も多い。そのような空間でも、うつろう表情をつくり出せないだろうかと思って考えたのが、私の和紙のスタートだった。

日本の和紙は薄く均一に漉いて、漉き合わせることができる。糊を使わずに重ねるだけで、一枚になっていく。

職人さんの、薄く均一に漉くという技術を生かしながら違う要素を漉き込んでいく。違うデザインを重ねることで、和紙の表からライトを当てれば表面のデザインだけが見え、和紙の後ろから照らすと、ほかの層がふわっと浮き出てくることになる。それを調光器と組み合わせれば、日本の伝統的なうつろいが演出できるのではないか。

「建築・インテリア」という方向性と、「畳三畳分の和紙」という大きさ、そして「うつろう和紙」の特性を生かすこと。私がこれからつくっていこうとする和紙、私が進んでいこうとする道のおおよその姿が見えてきた。

工房を借り切って紙を漉く

私はいまでも、職人さんと工房を一日貸し切りにして支払う方法で工房を使わせてもらいながら、和紙を漉いている。そのような工房の借り方をするのには理由がある。

私が、自分で紙漉きの仕事を引き継いでいこうと決心して、初めて工房を訪れたとき、職人さんたちからは完全に無視された。職人さんが私を相手にしないのにはそれなりの訳がある。「デザイナーを信頼していない」のだ。

ある工房で、職人さんから「いままでもいろんな人が、新しいことをすれば利益が出ますと言って、おれたちに仕事をさせた。その結果がこれだ」と、倉庫の扉を開けて見せられたのが、デザイン的に開発された商品の山だった。

「産地にやってきたデザイナーに、絶対に売れると言われて、おれらがつくったんや。ところがこれを見てみい。こんなもの、ゴミ同然や。リスクを負うのはおれたちだ。売れない責任は誰がとるんや。デザイナーは全くとらないじゃないか。結局おれらが責任をとることになる。やってられるか」

こう言われたときに、私は納得した。新しい試みに誰も責任をとらないから、結局、職人さんの負担が増え、衰退にもつながっていくのだ。売れない試作品の山は、誰かが責任を負わなくてはならない。企画して依頼した人間が責任をとるしかないのだ。

福井の岩野さんの工房を借りるために、私は、「一日分の使用料を払わせていただくので、月に一回ぐらい貸してください」といまもお願いしている。

伝統的な手法は、職人さんがいなければ私たちだけでは行うことができない。もし、一生懸命練習をすれば、十年たったら職人さんのように漉くことができるようになるかもしれないが、それは私たちの役目ではないと思っている。本来の私たちの使命を果たさなければいけない。和紙を漉くのは職人さんの専門分野。私たちの役割は、和紙の新しい領域を切り開いていくことだ。新たな試みについては、私たちが責任をもち、職人さんには紙を漉くことに責任をもってもらう。それぞれの役割を分担しあってこそ、懐が深いチームが出来上がり、未来の和紙の発展につながっていくのだ。

第二章　パッションと人の導きが道を拓く

夢の扉を開いた初の展覧会

繰り返すが、私は、常に腹の底から湧き出るようなパッションをもつことが大事だと思っている。講演会でも、「人生で必要なのは、ご縁と腹の底からのパッションです」といつも話している。物事は、人と人との一対一の出会いからしか生まれないのだが、そこに自分のパッションが伴わなければ、せっかくのご縁も広がらないし、深まってもいかない。

ことあるごとに自分のパッションを口にし、語っていくことで、「堀木さん、そんなことを考えているのなら、こんなお手伝いもできるよ」「知り合いを紹介するよ」と言ってくれる人が現れ、ご縁のつながりはさらに広がっていく。夢の実現に向かって進むことができるのだ。熱い思いを語ることは、とても大事だと思っている。ところが情熱は、些細《ささい》なことで折れたり萎《な》えたりする。

「建築・インテリア」という方向性と、「畳三畳分の和紙」という大きさ、そして「うつろう和紙」、私がパッションをもってこの三つを軸に仕事をしていこうと思ったとき、はたと気がついた。大きな和紙でうつろう表情を表現できることを、世間ではまだ誰も知らないというのが現実だ。人々に認識されていなければ、売ることも買ってもらうこともできない。私がこれからつくろうとしている「うつろう和紙」の存在そのものが知られていないと思った瞬間に、どうしたらよいのかがわからず、パッションが折れてしまった。

しかし大事なのは、折れたパッションをどうやってもう一度湧き上がらせるかだ。ただ待っていても誰も与えてくれない。自分で生み出すしかない。パッションを取り戻す方法を自分で探さなくてはいけないのだ。

二十五歳の私が、畳三畳分の「うつろう和紙」の存在を世の中に知ってもらうための方法を模索して悩み、思いついたのが、東京で展覧会を開くということだった。東京で、大きな和紙を使った作品の展覧会を開けば、その存在を多くの人たちに知ってもらえるのではないかと考えた。

もし展覧会をするなら、一流のところで開きたい。

私はデザインやアート関連の雑誌を片っ端から繰ってみた。そのころ、どんな雑誌を見ても紙面に登場していたのが、六本木にあるアクシスギャラリーだった。名だたるデザイナーやアーティストたちが、競うようにそこで作品発表やイベントを行っていた。

「よし、アクシスギャラリーで展覧会をしよう」と決めた途端、折れたパッションが再び湧き上がってきた。

でも、現実は甘くない。実際にアクシスギャラリーに行って話をしても、対応は「堀木エリ子？　誰それ？」と冷ややかなもの。「和紙？　誰が興味あるの？」という感じで、ただのお義理で私の話を聞いているだけだ。本気になって相手にしてくれない。

「ああ、展覧会なんてできないのかもしれない」

帰り道、私は意気消沈して六本木の街を歩いていた。けんもほろろに扱われたことに対しての悔しさもあったと思う。でも、地下鉄の切符を買いながら、ふと「そうか、何も私がデザインしなくてもいいのだ」と気がついた。「著名な人が使うギャラリーだったら、そこにふさわしい人にお願いして大きな和紙を使った作品をつくってもらい、大々的に展示をしたら、大きな和紙のことをみんなに知ってもらえるんじゃないか」とひらめいた。

京都に戻り、再びいろいろな雑誌を繰りながら、いまをときめく一流の人たちを四つの分野から選ぼうと決めた。そして、インテリア部門からは内田繁さん、インダストリアル部門から喜多俊之さん、グラフィック部門から鹿目尚志さん、建築部門からは葉祥栄さんにお願いをすることにした。私は無謀にも飛び込みで、その四人の先生方のところに直接依頼に伺った。

「お金は全くありません。ギャラリーにお支払いするお金と、和紙を制作する費用は私が用意しますが、デザイン料などはお支払いできません。でも、とても面白い大きな和紙があるんです。これを素材にして遊んでもらえませんか？」

私は相手の目をまっすぐに見て正直にありのままを話し、心の底からお願いをした。すると、四人の先生方は全員が、最後まで黙って私の話を聞いて「面白そうですね」と喜んで引き受けてくださった。

気がつけば三千万円もの赤字に

一九八八年一月、アクシスギャラリーで行った「内田繁・鹿目尚志・喜多俊之・葉祥栄が創る和紙造形展」は、大盛況のうちに終了した。インテリア・グラフィック・インダストリアル・アーキテクチュアの四つの分野に関わる人たちが、大勢見に来てくれただけでなく、各界の作家による「建築空間に生きる和紙造形」をテーマに制作した作品は、さまざまな新聞や雑誌、インテリア専門誌にも取り上げられた。

「社長、大成功でした！　展覧会」

私は大喜びで京都に戻ったが、呉服問屋の社長は、腕組みをして部屋の真ん中にどんと座り、赤い顔をして怒っている。

「座れ、黙れっ」と言われて、下を見ると、目の前に帳面が一つ置いてある。

「君な、わしはな、若い女の子二人が細々と紙を漉《す》くというから、赤字が出てもしれとるやろうと思っていたんや。帳面を見てみい」と言う。「ワンルームマンションを事務所にして細々とやると言うとったやないか。この数字は何や」と見せられたのが、三千万円の赤字が記された決算書だった。

事務所を始めた当初は、異物を混ぜたりしているだけのちょっとほかとは違う大きな和紙、切り取って小さくしたら、普通の和紙とはそんなに変わらないかもしれないものしかつくれなかった。一方で、私の和紙は職人さんが五人がかりで漉いているから、支払う金額は大きい。三千万円の赤字が出ていた事実を目の前に突きつけられて、私は困惑した。

社長は真っ赤になって怒り、「出て行けっ」とひと言。「いますぐここから出て行け」と大声を出す。しかし、私は「はい」と言って、出て行くわけにはいかない。東京での展覧会は大成功を収めた。反響も大きく、ようやく、世の中に大きな和紙の存在が知られたところだから、辞めろと言われてすぐに引き下がるわけにはいかない。

アクシスギャラリーで展覧会をしようと思い立ったとき、私が各分野で最も著名な先生

アクシスギャラリーで開かれた「内田繁・鹿目尚志・喜多俊之・葉祥栄が創る和紙造形展」。

方にお願いに行った理由が、実はもう一つある。それは、デザイン界のプレゼンテーションの方法を知りたかったことだ。

私はもともと銀行員で、転職をしてから二年間、経理の仕事しかしていないから、展覧会を企画して主催し、実際に進行する方法などは何も知らない。デザインの世界ではどうやって仕事を進めていくのか、交渉の仕方もわからない。和紙のデザインをどのようにするのか、クライアントさんにどうプレゼンテーションを行えばいいのかも、皆目見当がつかなかった。

ジャンルの違う四人の著名な先生方に、私がプロデュースする立場で仕事を依頼することによって、先生方は「展覧会でこういうものをつくりたい」と、私にデザインの提案をされ、アイデアが絵や言葉になって私の前に示される。私は、四つの異なるプレゼンテーションの方法を直接勉強することができた。説明の方法、絵の描き方、図面の出し方など、どのようなやりとりをすれば成り立つのか、私はそのとき初めて、各業界の一流の人が実際に仕事を進める姿を目にした。これから先、私がお客さんに和紙を提案するときには、同様のことを行えばいいのだ。

「ＳＨＩＭＵＳ」を立ち上げた最初の年は、すべてが勉強。私は、この一年はそのための期間だと思っていた。

私が展覧会を開くために奔走している間、一緒に仕事を始めたデザイナー志望の女性は、当時、顧問だったグラフィックデザイナーの事務所で働いていた。私のほうは自分の仕事だけで精いっぱいで、彼女の給料はこちらで払うから、顧問のデザイナーの事務所で彼女に仕事をさせてほしいと頼んでいた。私が、四人の先生方とやり取りをしながらいろいろなことを学べたのと同じように、彼女もまたその事務所で、デザイナーとしての仕事を一生懸命覚えていたに違いない。新規事業を始めてからの一年間は、二人ともひたすら勉強をしていた期間だった。それが目の前に示された赤字につながってしまった。

なぜ三千万円もの赤字になるまで気がつかなかったのか。普通なら企業の一部門で使える年間予算には一定の枠がある。私の思い込みだが、「日銭は稼ぐな、目的をもってしっかりやれ」と言われ、好きなことをしてもかまわないという感じがあった。

私たちは、定期的に経過報告は行っていた。東京で展覧会をすること、四人の先生方に作品をつくってもらうこと、一日貸し切りで福井の工房を借りること、そうしてつくった和紙をどう販売しようとしているのかも、報告していた。具体的な指示はなかったものの、社長には私たちの状況はわかってもらえているものと思っていた。

一年目に多少の赤字が出るのは社長も覚悟の上だったのではないかと思うが、私自身、収支に意識が向いていなかったことは事実だった。

社長に、出て行け！　と怒鳴られたとき、私は苦し紛れに諺《ことわざ》をもち出した。

「石の上にも三年という言葉がありますよね。私が今年この展覧会を開いたのは、今年がまず和紙の存在を知ってもらうための一年だからです。次の一年でその和紙を世の中に広げ、その後一年で回収する。つまり、三年目に赤字をゼロにするつもりだったんです。なのに、いま、本当に三千万円の赤字のまま辞めてしまってもいいんですか」

私の反論にさらに社長も言葉をかぶせ、しばらく押し問答が続いたけれど、最後には「よし、わかった。君がそんなに言うのなら」と、社長は折れてくれたのである。私は、ひたすら情熱だけで話していた。

「ただし、来年も赤字だったら、今年の赤字三千万円と来年出た赤字を全部、君が責任をとって出て行け。一年待ったるわ」

「わかりました。やらせてもらいます」

私は、啖呵《たんか》を切ってその場を去った。

まるで、大勢の人からパッションを踏みつけられてしまったように落ち込んだ私は、いろいろな人に相談をした。ほとんどの人は「やめとけ」と忠告する。これ以上手漉き和紙の仕事を続けるのをやめろと言うのだ。

「君なあ、大学でアートとかデザインを勉強してないよね。ビジネスも学んでいない。なぜできると思うのかが不思議」と、誰からも言われた。「できる理由が見つからない」「どうして無茶なことをやろうとするのか」「一年で三千万円も赤字を出したのに、なぜそこまでして続けるのか」とあきれられたのである。

パッションが折れた瞬間の私は、何をどうしていいかが全くわからなくなる。でも、その場で自分をだまし、ごまかして何かをしたとしても前には進めない。三千万円の赤字を抱えて、しかも来年も赤字が出たら、もっと立ち上がれなくなる。その金額は、私が一生働いても返せるかどうかわからないくらいに膨らんでしまう可能性もある。すべての赤字を返した上で会社を出なくてはいけなくなったら、大変なことだ。

私は、パッションをもう一回取り戻すために、私自身が前に進むための考え方を自分で見つけなければならなかった。

そして再び原点に戻る

いまの状態を打開しようとしたとき、二十代の私が考えたことは、やはり子どもっぽかった。何にもわからないから、まず原点に戻ろうと、原始時代までさかのぼって考えてみる。弥生時代、縄文時代に、ものをつくるという行為は一体どういうことだったのか、人間がものづくりを始めたころは、何をしていたのか……。いま私たちが確認できる太古のもの、発掘された土偶や埴輪《はにわ》は、時代を超えて、なお斬新《ざんしん》でダイナミックな造形だと気づいた。一見アンバランスなようで、大胆な形が美しいアートとなっている。

土偶や埴輪は、誰がつくったのか。生きるために狩りをし、畑を耕し、子どもを育てていた普通の生活者だ。土偶や埴輪のつくり方を教える大学や専門学校があったわけではない。装身具や宝飾品のデザインはどのようにしてつくられたのか。道具もいまのように何種類もあったわけではないのに、あんなに素晴らしい造形が残っている。知識の伝承手法が今日のような形で確立していたとも思われないのに、いまだに評価されている。

でも周りの人は、「堀木は大学に行っていないから、デザインを勉強していないから、アートを勉強していないから、ビジネスを勉強していないから、できるわけがない」と言うのだ。大昔の人たちにできていたことを、私にもきっとできると信じてはいけないのだろうか。専門の大学で専門の勉強をして、専門の業種に就いて、名刺に立派な肩書きがついている人に、ものづくりをしてほしいと頼んでも、「いや、僕、それは専門じゃないからできません」と平気で言う。でも実はやってみないだけで、やればできることがたくさんあるはずだ。

大昔の人たちは、手で土をこねて人や動物の形につくった土偶や埴輪を、葬送儀礼に用いて命あるものの身代わりにしていた。死者の墓に一緒に埋葬するのも、結局は命に対する祈りの行為だ。これは、自然に対する畏敬《いけい》の念、命に対する祈りの気持ちの表れではないか。私は、ものづくりの根底がここにあると思った。どんな時代でも、ものの背景にある人の思いが文化をつくり、その土地独自の美学を育てていくのだ。

土偶や埴輪とほぼ同時期にあった土器とは何だろう。水を溜めたり、ものを入れることができる器だ。つまり人の役に立つものである。その視点を、私の仕事に置き換えたら、どうなるのか。

私のつくっている大きな和紙は、子どもに破られるかもしれない。ペットに汚されるかもしれない。高層ビルに使う場合は、消防法で燃えるものを設置してはダメだから使えないと言われてしまうかもしれない。

安心して買えない、心配で使えない、あるときは法律で規制される。ということは結局、私のつくっている和紙は、人の役に立つものではないということになる。

人形を土でこねてつくるのはものづくりの原点と捉えられるけれど、そこで終わっていたら使命を果たせない。そこから、燃えない、汚れない、破れない、色が変わらない、そしてさらに精度を上げていかない限り、和紙は人の役に立つ〝器〟にはならない。そのとき、大きな手漉き和紙の技術を核にして、私が何をつくらなくてはいけないのかが見えてきた。

このように気づいたことで私は、合わせガラスや防炎のコーティングなどに取り組み始め、いまの仕事につなげていくことになる。

少しずつ見えてきた光

三千万円の赤字を出し、危うくクビになりそうになったところを、かろうじて踏みとどまった翌年に、サントリーの「響」というウイスキーのラベルを私の和紙でつくらせてもらう仕事を受注した。これで二年目の収益が上がり、首の皮をつなぐことができた。

三年目になると、インテリア関連の雑誌などからの取材が増え始め、大きな和紙の存在が少しずつ世間に知られるようになった。初めに納めた作品を見て、さらに仕事がくるなど、さまざまなところで室内空間の素材として使われ始め、わずかではあるが黒字が出るようになってきた。

社長のご機嫌も少しずつおさまってきて、このまま様子を見てやろうという気になってもらえた。私たちは、その後十年間、呉服問屋にお世話になり続けることになる。社長もだんだん、私の和紙が面白そうだと思い始めてくれたようだった。もちろん私たちも最初は未熟だったけれど、年々技術は高まっていく。出来上がってくる作品を見ても、質がよくなっていくことがわかる。

私の和紙への発注は着実に増えていったが、三千万円の赤字を返しながら利益を出していくまでには八年もの歳月を要することになる。

アクシスギャラリーでの初めての展覧会が終わったころ、まだ私はショールームをもっていなかった。私たちの和紙は、実際に見なくてはよさがわからない素材だから、ショールームがぜひとも必要だ。幸いなことに翌年にはショールームも完成して、質感を確認することができるようになり、多方面からの注文が舞い込むようになった。

ショールームでは、代表的な紙漉きの技術を用いた作品を展示している。お客さまにはそれを見てイメージを膨らませてもらい、私はお客さまからの要望に応じて作品をつくる。

一日中、工房を借りて和紙を漉くのだから、もし月に一枚しか受注がなかったら、その一枚を納期通りに納めるために職人さんを一日確保しなくてはならないので、当然赤字になる。そこで、実際には受注があるわけではないけれど、私たちが独自に考えた作品も同時に五、六枚漉き、ショールームに並べておく。

漉き上がるまでの一カ月が待てないというお客さまには、展示してあるものの中から選んでいただくこともある。漉いた和紙が確実に売れるという保証はないが、このような機会にいろいろな技術を試みることができる。

一回目の展覧会の成功から三年が経った一九九一年十二月、再びアクシスギャラリーで展覧会を開くことができた。建築家の伊東豊雄さんと竹山聖さん、インテリアデザイナーの杉本貴志さんによる「伊東豊雄・杉本貴志・竹山聖とＳＨＩＭＵＳ和紙展」は、いま思うと一回目のときとは大きな違いがあった。初めは大きな和紙を形で見せるというものだったが、二回目の展覧会では、和紙そのものが新しい感覚で表現されていた。反響もさらに大きかった。

一九九二年、インテリアデザイナーの水谷壮市さんの依頼で、渋谷のレストランに作品を納めさせていただいた。その写真がイタリアの雑誌『ドムス』の表紙となり、日本の雑誌にも取り上げられた。私の和紙の存在を広く知ってもらう上でも大きな転換となって、大きな和紙で光の壁がつくれるということが広く知れ渡り、さまざまな問い合わせがくるようになった。

最初の展覧会のときもそうだったが、メディアの影響は非常に大きい。取材を受けることは、営業をするのと同じだ。でも、いつも同じような作品をつくっていたら、飽きられてしまう。取材の申し込みもなくなるだろう。だから常に新しい表現、新しい可能性を世の中に示していく必要があると考えたのも、このころだ。

社長への思いと葛藤の日々

結局、私たちは十三年間、呉服問屋にお世話になった。呉服問屋の社長は、実にエネルギーのある人で、いまでは少なくなった京都の粋な旦那衆の一人。日本の文化を継承し、アーティストを育てていくことを心から面白がってくれる人だった。実は、私がＳＨＩＭＵＳを設立した一年後に、私と同じ年のお嬢さまを亡くされている。そういうこともあって、私を娘のようにかわいがってくれていたのではないかと思う。

来客があれば、一緒に食事に連れて行ってもらったりもした。社長と食事する暇があったら仕事をしたいと、憎まれ口をたたきながらも会食に参加し、帰ってから徹夜で仕事をしていたこともある。社長のおかげでいろいろな人とのご縁をいただいたし、私の悩みを誰よりも多く聞いてくれたのも社長だった。飲みながら、親身になって私の相手をしてくれた。毎日わからないことだらけで、手探りで仕事を進めながら結果を出さなければいけない私の重圧は半端ではなかったが、社長からの強い信頼に包まれた中で何とか仕事を続けることができた。

和紙の仕事を始めて十年目くらいだったと思う。十メートルもの大きな和紙を漉く手法が見つかって、受注が増えていったことから、私は、福井の工房から離れることができない状況になってしまった。新しい技術は、まだまだ試行の要素が多かったから私がいなくては進めることができない。福井の現場から離れることができないため、クライアントとの打ち合わせにも行けないし、搬入にも行けない。どうにも身動きが取れない状態が続いたため、京都に工房をつくりたいと社長に申し出た。

福井の工房にかかりっきりでは、ほかの仕事ができない。私が職人になってしまうわけにはいかないし、多方面に可能性を広げていく仕事をすることもできない。すでに呉服や繊維関係は、かなり景気が悪い状況になってきていたころだった。

「いま呉服が苦戦している状態のときに、君の和紙の部門にだけ投資はできない」と、社長からは即座に断られた。そればかりか、「君も着物を売れ」とも言われた。よほど切羽詰まっていたときだったのかもしれない。

恩師でもあり、私を娘のようにかわいがってくれて、一年目の赤字にも目をつむって温かく育ててくれた社長だ。赤字もやっと埋めることができるようになったころだったが、「着物を売れ」と言われても、それは私がするべきことではない。呉服店のためにノベルティのポストカードもつくっていたし、呉服の新しいデザインの提案などいろいろなお手伝いもしてきたつもりだ。

そのころには、私はその会社の役員にもなっていたが、言いたいことをはっきり言うので、古い体質の役員にしてみればうるさい存在だったと思う。役員が集まる経営会議にも出席し、業界全体を見渡してものを言うこともしてきたが、自ら着物を売るということには抵抗があった。本来は、私が折れて全面的に協力すべきだったのだろう。でも、私の本当の使命は和紙の世界を活性化させることだ。

「もし社長が私の和紙に投資できないのであれば、独立します」と私は宣言した。案の定、社長は激怒した。

独立するならするで、その方法を一緒に考えようとも言ってくれたが、結局、実際に独立できるまでには三年以上かかってしまった。

その間、社長からは毎日のように慰留された。そして社長は「独立してもいいよ」「独立はダメだ」と言ってみたり、「自分も投資する」「一切関わらない」と言ってみたり……。それは愛情の裏返しだったのではないかとも思うが、やはりここまで育てた事業部を手放したくなかったのかもしれない。

社長とのやり取りが続く中で、こんなことをしていても埒《らち》があかないと思った私は、投資家を募って独立する方向で準備を進めていった。

幸いなことに、投資してくれる人たちも集まり、宣言通りに独立を果たすことができた。ただしそれまでの権利や仕事をすべて買い取って出ると決めたために、投資家たちからは「これからお金が要るときに、必要のない後ろ向きのお金を払うことはない」とずいぶん反対された。私は、社長との話し合いにはできるだけ誠実に、じっくり時間をかけて対応してきたつもりだ。いままで自分を温かく育ててくださったことに対する恩返しができてこその独立だと思ったから、私は、自分から申し出て社長の要望を聞き、すべてを買い取った。

ＳＨＩＭＵＳという商標を買い取る、あるいは営業権を買い取る。結局、さまざまな権利を買い取って独立した。独立時に請け負っている仕事については、経費や利益の配分を細かく決めていった。一方で、ショールーム用、展示用など、失敗作も含めたかなりの量の試作品や在庫に関しては、そのまま置いていったとしても売ることができる人はいないと思ったので、買い取って出ようと申し出た。ところが社長は、置いていくようにと言う。結局、私は、独立に当たって過去の作品をすべて置いて出たのである。

ご恩の返し方を学ぶ

礼を尽くして独立したつもりだったが、しばらくして、呉服問屋の社員や地元の人たちから、「堀木は後ろ足で砂をかけて出ていった」と非難を浴びせられた。「堀木さん、何がどうなってるの。そんな人じゃなかったよね」と言われたとき、「そうじゃない。私は社会的な役割を果たすために工房が必要だっただけなんだ」と弁明して歩きたかったが、口をつぐんだまま、何も言わなかった。

その後十年近く、社長との連絡は途絶えていたが、これらの経緯をすべてご存じだった共通の友人が、再会の労をとってくださった。そのとき社長は、命に関わる病気を患っていた。

社長は独立後もずっと私のことを心配して、テレビや雑誌に登場する仕事ぶりを見てくれていたという。私も心の底では、きっと社長は気にしてくれているに違いないと思っていた。お互いに会わなかった空白の時間は、顔を合わせた途端に一気に埋まった。

私が大阪で巡回展を行う一年前だったと思う。呉服問屋のお客さまに、「蝶《ちょう》が飛んだ」という言葉を添えて、巡回展の案内状を配ってくださった。しかもいろいろな人に、「堀木はおれが育てたんや」と自慢してくれていたらしい。

最後に入院する前、私のショールームを見てほしいとお願いをしたら、気持ち良く足を運んでくださった。「堀木、よかったな」と喜ぶ社長の姿が忘れられない。私と社長は、最後に元通りのいい関係に戻ることができた。

自分が誠意を尽くしたつもりでも、相手にはそのように受け取ってもらえないことが世の中にはたくさんある。しかし、精いっぱいのことをしていれば、いつかわかり合えるということを知った。最後に二人がまた笑顔で会っている場面を見て、みんなが安心してくれた。

このとき、もし私が会社をつぶしていたり、和紙をあきらめて違うことをしていたら、確実にこの再会はなかった。私が頑張っているから、最後に社長が喜んでくれたのだと思う。

自分が社会的な役割を果たし、活躍していることがすべての恩返しの基本なのだと、そこで気がついた。だから頑張らなくてはいけないし、簡単にくじけてはいけない。

アクシスギャラリーでの展覧会を引き受けてくださった四人の先生方も、その当時は、無理を言って展覧会に出展していただいたけれど、いま私がこの仕事を続けていれば、次に私が協力できることも生まれてくる。そして、恩師から受けたご恩を後進へと返していくことも人生の大きな課題となった。私は、恩師から受けたご恩と、そのご恩の返し方をそのときに学んだ。

素晴らしい人たちに支えられて

私の生きざまをいつも後ろから見ていてくれる人がいるというのは、ありがたいことだ。社長は、私にとっての育ての親だった。社長がいたから、いまの自分がある。

人間はいっとき関係が壊れたとしても、どこかで必ず修復できる。縁が一回途切れたとしても、あきらめてはいけない。何か問題が起こったとき、社会に対して自分がどういう態度をとるべきかという判断は、自分の思いをどうするかではない。相手の立場と自分の立場との両方に思いを馳せながら、どうすることが一番いいのかを考えて決める。そのことが大切なのだ。

私の行動は、すべて、周りの要望によって起こる。このままだと、ますます多くなるはずの要望に応えられなくなる。私が福井の工房にかかりっきりになってしまうのは困る。だから京都にも工房が必要だと思ったことから次の一歩が始まった。社会的な要請に応えなければいけないと思うから、何をどうするか考える。いつもそうして判断している。

独立のときに心強かったのは、応援者の存在だった。私は、資本金四千万円で独立した。支援してくださった投資家は十数人、独立の相談に行った方々のほとんどが投資してくださったという事実が、私の自信となった。それだけの金額で投資をしようという気持ちがあるということは、私を信頼し、私がしようとしていることの方向性は間違いないと思ってくれているということになる。私は、必ずやり遂げなくてはならないと感じた。いろいろな意味で自分の方向性を確認できるよい機会になったと思っている。

アクシスギャラリーで開いた二回の展覧会のときも同じだった。著名な作家の先生方は、デザイン料もお礼もお支払いできないのに、作品をつくって展示することを引き受けてくださった。みなさんが「よし、やろう」と言ってくださったのは、やはり大きな和紙が面白い素材だったからだ。

人にお願いすることによって見えてくるものがある。「そんなの、やらないよ」と言われたら、つまらない素材だからかもしれないし、「僕は、ちょっと投資できないな」と言われたら、私が取り組もうとしていることにそれだけの魅力がないということだ。

だから私はいま、あのとき勇気をもって次の一歩を踏み出したことに悔いはない。社長への感謝を胸にしつつ。


応援者の一人として、パッケージデザイナーの鹿目尚志さんの存在も大きい。

鹿目さんとは、銀行を退職して転職した会社にいたころからのお付き合いだ。当時、まだ何もわかっていなかった私に「堀木、勉強しろ」と言って、よく美術展などに連れて行ってくださった。デザイナーたちが集まる場所にもお供して、彼らがアートやデザインに関して本気で議論し合うのを横で聞いていたものだ。野球大会にも、スキーにも、ゴルフにもついて行った。私はこれらのさまざまな遊びを通じても、いろいろなことを学ばせてもらった。

私は、何でもすぐに質問をする。「何で?」「どうして?」と尋ねる私に、鹿目さんは丁寧に説明してくださる。そのときに教えていただいたことが、いまも私の仕事上での「物差し」になっているのは間違いない。

第三章　さらなる新しい和紙への挑戦

白い紙は神に通じる

和紙は、楮《こうぞ》・三椏《みつまた》・雁皮《がんぴ》などの植物からつくる。

工房では、産地から送られてきた植物の外側にある黒い表皮をはぎとり、その下にある柔らかな内皮（靭皮《じんぴ》）を、灰汁《あく》や石灰水などで煮ることから作業が始まる。柔らかくなった皮はあめ色だが、それを時間をかけて水に晒《さら》し、白くしていく。白くなった繊維を少量ずつ笊《ざる》に取り出して、混ざっているごみや皮くずなどを丹念に取り除いていく。そして最後に水から引き上げた繊維を槌《つち》などでしなやかになるまで叩いたら、水の中に分散して入れる。これに、ネリ（トロロアオイの根から取り出した粘液）を混ぜ込み、簀《す》に漉《す》き取る。漉き簀を前後左右にゆすりながら繊維を均一に整えて、出来上がった湿った紙を乾燥させる――これが紙漉きの手順だ。

私たちがいまも一緒に仕事をしている福井の工房は、私が通い始めた当時、六十人くらいの職人さんを抱え、襖判《ふすまばん》という大きな和紙を漉いていた。工房の社長である三代目岩野平三郎さんは、これからは新しい和紙も開発していかないといけないという思いをおもちだったこともあり、私たちの試みに共感して職人さんと作業現場を、丸ごと貸してくださるようになった。
岩野さんは理解を示してくださったが、現場の職人さんはそういうわけにはいかなかった。「この小娘は何をしに来た。うるさい。邪魔だ」という感じで、挨拶《あいさつ》をしても返事もしてくれない。意地悪をするわけではないが、無視だ。「おはようございます」と言っても、聞こえないふりをする。職人さんによっては、私たちが行く日は休むという人もいた。それくらい私は嫌われていたし、きっと「何を邪道なことをしとるんだ。このわけがわからないヤツ」と言いたかったに違いない。

私の格好も派手だった。モデルのような服を着てハイヒールを履いて産地へ出向いていく。何て無神経で不愉快な女かということになるわけだ。
私は職人さんたちの仕事を次世代につないでいこうと思っているのに、当の職人さんたちからは無視される。私のパッションは、当然のように折れたり萎《な》えたりする。工房に行くたびにすっかり落ち込んで、うなだれて帰路についた。

職人さんたちは、来る日も来る日も冷たい水に手を突っ込み、繊維の中に混ざっている砂粒や小さな虫、木の皮などを丹念に取り除いている。

あるとき、「別に木の皮が入っていても、砂粒が入っていてもかまわないのではないですか」と私が聞くと、「いや、あかん。白いカミはカミに通じているんや」と職人さんは答えた。つまり、ペーパーの紙がゴッドの神に通じていると言うのだ。「白い紙は神に通じる」という精神、白い紙が不浄なものを浄化するという考え方が職人さんたちの気持ちの底にある。より白いもの、より不純物がないものをつくるために、己を無にして作業を行っているのだ。

そんなところに、私たちはズカズカと入って行く。せっかく不純物を取り除いたのに、海岸で拾ってきた砂を入れて混ぜるし、木の皮を放り込む。色はつけるし……。私がもし逆の立場だったら無視するどころの話ではない。見ているのも嫌になる。一緒に仕事をしたくないから休もうかと思うのは、至極もっともなことである。

それまでは、「現代では、色のある和紙も、柄のある和紙も必要なんですよ」と、新しい和紙をつくり出すことに対して何とか説得して、職人さんにもわかってもらおうとしていた。でも、その作業の背景には千五百年の歴史がある。よそからきた小娘が、綿々と行われてきた事柄に対して「白い紙でないものもいい」というような話をしてはいけない。より白い紙、より不純物がないものを極上としている世界に向かって、何を言うのだ。

私は、説得しようとするのをやめた。いつの日かわかってくれるまで、とにかく黙々と自分の思う通りに取り組んでいこうと思った。自分が信じていることを継続しよう。すべきことをすればいいと、気持ちを切り替えた。

三年が過ぎたあたりから、目は合わせないが「おはよう」と言ってくれるようになった。そしてようやく五年目くらいには、いまのようなコラボレーションが一緒にできるようになってきた。千五百年の歴史からすると、その三年、五年はほんの短い期間だ。とはいえ、やはりその期間はつらかった。

しかし、丁寧な作業の背景にある意味を知ったことで、体の奥底からのパッションがもう一度湧き上がってきたのだ。私は、無視をされたり、私が行くと休む職人さんがいると聞いても、工房に通うのをやめなかった。

「天職って、どうやったら見つかるんですか」とよく質問される。天職は、見つけようと思って見つかるものでもなければ、向こうからやってくるものでもない。一生この仕事を行うと決心し、覚悟することが、天職につながるのだと思う。私には、和紙に取り組んでいくと決めた時点で、工房通いや和紙づくりを止めるという選択肢はなくなった。だから、ここまで強くやってこられたのだと思う。

福井と京都の技法の違い

いま、私たちが紙を漉く工房は、福井と京都の二カ所にあるが、福井での紙漉きと京都の紙漉きとでは、和紙のつくり方が全く違う。

伝統的な紙漉きは、「流し漉き」の技が基本だ。繊維と水をすくい上げたら、漉き簀という道具を動かして水を流す。動かすことによって繊維が絡まるから、漉き上がった紙は強くなる。福井の工房では、こうして漉くところまでが五人の職人さんの仕事になる。私たち五人のスタッフは、職人さんが漉いた和紙に、異素材を漉き込んだり、たわしを振って水滴を落としたりという作業を加える。各層で交互にその作業を繰り返し、職人さんと私たちが入れ替わりながら、一つの和紙をチームでつくっていく。

熟練を要する伝統的な技術に私たちが関わることはできないけれど、色を流したり、気泡を吸うなどの私たちの作業を職人さんに手伝ってもらって、コラボレーションが行われていく。

京都の工房で私たちが行っている作業の進め方は、伝統的な方法というわけではない。工房には、福井からトロロアオイの粘液を加える直前の状態の繊維を送ってもらう。洋紙の「溜め漉き」のように、繊維をすくい上げてそのまま水を落とすだけではなく、水自体を動かすという新しい手法でつくる。その結果、「流し漉き」と同じ原理になる。京都では手法を変えているだけで、繊維を絡めて水を落とすという和紙の手法の基本的な考え方は変えていないのだ。

着色する和紙は福井で制作する。

漉き上がった紙を伏せた後、私の「せーの」というかけ声に合わせて、職人さんの手を借りながらスタッフがいろいろな色で染めた三椏の繊維を流し込んでいく。すると色がたくさん重なっているところの和紙は分厚く、色が少ないところは薄くなる。これが陰影となって、和紙の上に印刷をしたものとは全く異なる趣が出る。私は、手漉きの和紙にしかできないことは何なのかということを常に頭に置きながら紙を漉いている。

「せーの」というかけ声で色を流すが、実際は、「せーの」の「せ」で流している人もいれば、「せーの」と言い終わっているのに、まだ流し続けている人もいる。一斉にきれいにスルッと流せるわけではなく、先走る人や、遅れる人がいたりするから、毎回出来上がりの感じが変わる。同じような高さから同じような分量を流しても、毎回違う趣の和紙が生まれるのだ。流し入れるタイミングのずれだけでなく、水の状態や季節によって異なる繊維の状

京都にある自身の工房での作業風景。ここでは、最大 16m 幅の和紙を制作することができる。
（撮影：新建築社写真部）

福井の工房での様子。職人さんの手を借りながら、着色した紙素を一斉に流し込む。
（撮影：新建築社写真部）

態など、偶然性に左右される要素が三割程度関わったときに、想像もしなかった面白い表現ができる。人間の力に加えて起こる偶然性が毎回異なるのが面白い。均一のものしか生めない機械漉きでは絶対にできないことで、それが手漉き和紙の魅力でもある。

私は、作業をしている十人の動きを見ながら、さまざまな音を聞き分け、指揮者のように紙漉きを進めていく。このとき私が考えているのは、三割の偶然性を引き出すことだ。作為的にデザインを思い描いて作業をしても、思い通りには仕上がらないことのほうが多い。デザインに固執して取り組んだものは、印刷したほうがずっときれいだと思えるような中途半端なものになりがちだ。

一方で、すべてを自然の力に委ねてしまっても、いい和紙はできない。自然に任せ過ぎると髪の毛が絡まったような、おどろおどろしい和紙しか出来上がらない。

偶然性がときには大失敗につながることもあるが、人間の作為だけではとうていできそうにないような柄を浮かび上がらせることもある。これが楽しくて仕方がない。二十年近くこの仕事をしていても、いまだに新しい発見に出合う。

一粒ずつ気泡を口で吸う

デザイン作業をすると、一枚の和紙の中には薄いところや厚いところができる。それを何層にも重ねると、無数の気泡が入ってしまう。気泡は、多いときには何万個も入るから、そのままにしておくと破裂して和紙にならない。せっかく漉いても失敗作になる。その気泡を消すには、どうすればいいのだろうか。

できないことをできるようにするためには、二つの方法がある。一つは、できない原因を解決して先に進む方法だ。できない原因が、もし三つあったら、三つとも解決すればいい。十個あったら、十個の原因をつぶせばいい。もう一つは、全く違う方法を考えること。できないことを「できる」に変えるには、どちらかを選ぶしかない。

よく観察してみると、気泡は紙を漉いて伏せたときに、次々と浮かび上がってくるものではないことがわかった。漉いた紙を伏せたとき、もし一万個の気泡ができたら、その数は一万個のまま、増えはしない。ということは、気泡を一粒吸い上げて消してしまえば残りは九千九百九十九個になるし、二粒吸えば九千九百九十八個になり、いつかは必ずゼロになる。どんどん増えてくるものならどうしようもないけれど、吸い取れば確実に減っていく。一粒吸えば一粒減る。それなら全員で吸えばいい、気泡を一つずつ吸って、消していけばいいことに気がついた。それが解決法だ。

七層の和紙だったら、一万個以上の気泡が消えるまで七回この作業を繰り返さなければならない。だから、腰を曲げて手を前に出して、同じ姿勢で一日中吸い続けているときもある。腰や背中が固まってしまって、元の姿勢に戻れなくなることもある。しかも、前方には積み重ねた漉きたての和紙があるから、絶対に手をつくことができない。足を踏ん張って体中に力を入れて、長時間同じ仕事をしている。でも、これが気泡を消し、きれいな和紙をつくることができる唯一の方法なのだ。

立ったまま、気泡を吸い取る方法はないか、スポイトや注射器を扱っている会社を訪ねて回ったこともあった。いろいろ試してみたけれど、漉きたての紙は軟らかいから、硬い道具を使って吸うと表面にキズがつく。軟らかいストローを口にして、微妙な力配分で吸い上げる行為だけが唯一、紙にキズをつけずに泡を消すことができるのだ。人間の感覚は素晴らしい。私たちは、いまだに口で、すべての気泡を吸い上げている。

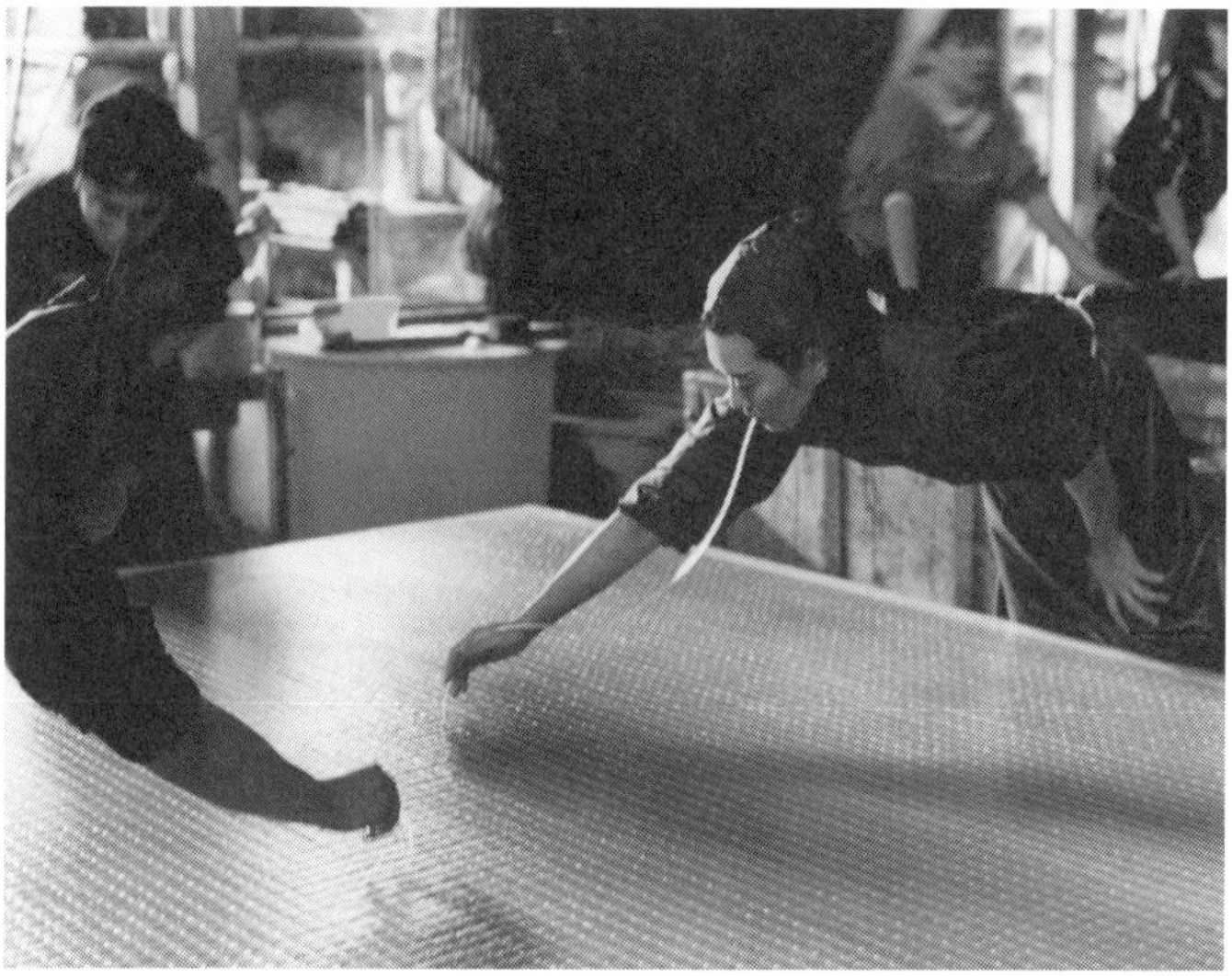

漉いた和紙を何層にも重ねていくときにできた気泡を一粒一粒、口で吸い取っていく。
（撮影：三浦憲治）

一滴の水から生まれたデザイン

和紙には、「落水紙」という昔からの手法がある。湿った状態の紙に水を落として小さな穴を開けた紙だ。水の動きによってさまざまな模様を描く。私はその技術を応用して、たわしを使って紙に穴を開ける手法を生み出した。両手に、水を含ませたたわしを持って思い切り振り、水滴を飛ばす。まだ生の紙に水滴がトンと当たると、穴が開く。繊維が飛び散って、柄になる。水滴を打った層と水滴を打っていないプレーンな層とを二枚合わせると、一層目の表面は水滴で穴が開いているから、むらむらとした月のクレーターのような柄になるが、バックライトを当てると非常に柔らかい雰囲気になる。

レストランの壁一面にタペストリーとして吊り下げると、昼間は太陽光線で明るい壁紙のように見え、夜になってバックライトをつけると陰影のある光壁になる。光線の違いで空気感が変わり、環境が変化していくわけだ。つまり、うつろう和紙だ。同じ手法で穴を開けて、色をたくさん使い何層にも重ねていくと、全く印象の違う和紙になる。

このアイデアが生まれたきっかけは、職人さんの肘《ひじ》から水が一滴落ちるのを見たこと。水滴が落ちた紙が損紙と呼ばれて捨てられてしまうのがもったいないと思ったのだ。一滴ではなく、全体に水滴を当てたら、模様になり損紙にならないですむのではないか。水滴

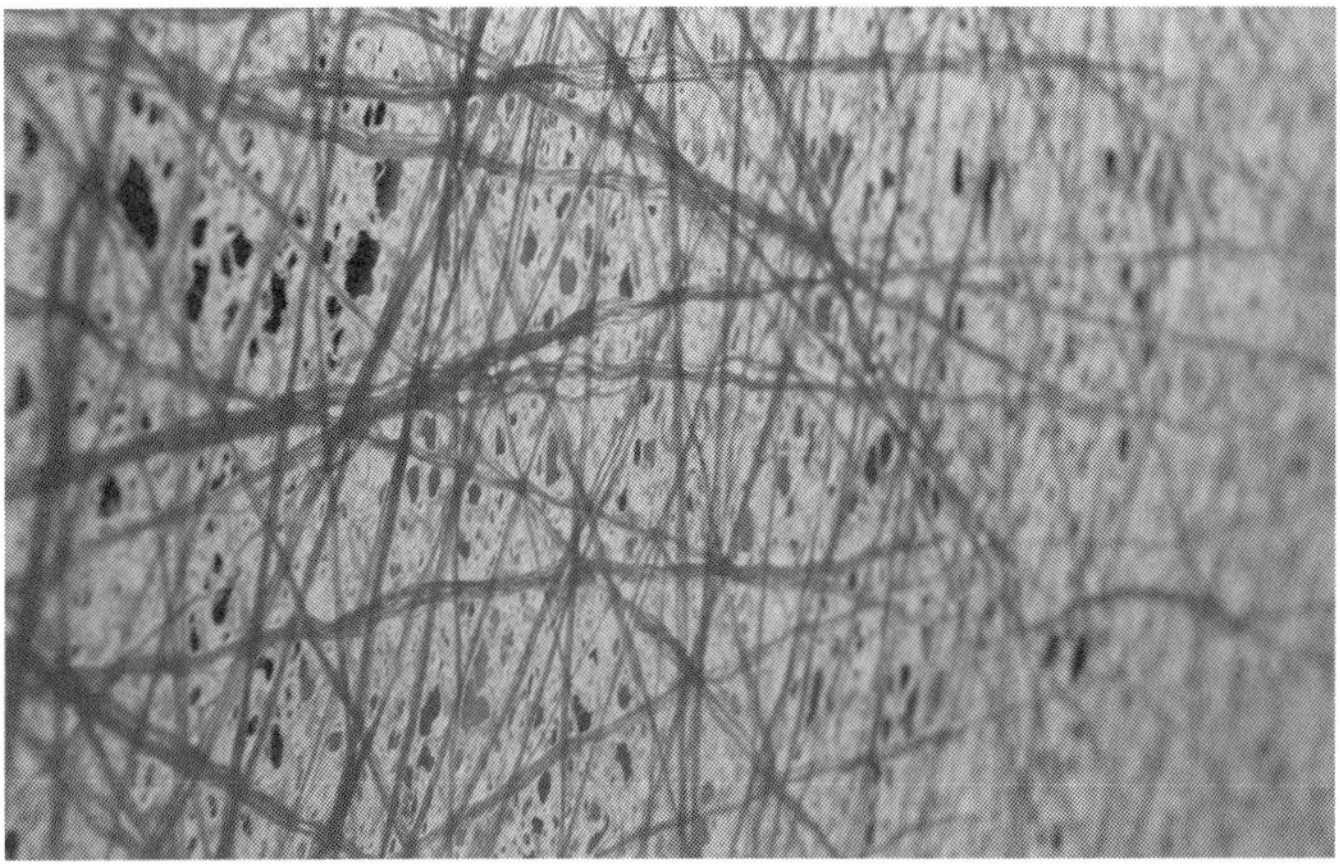

水を含ませたたわしを使って穴を開けるという手法は、職人さんの肘から偶然に落ちた水滴から生まれた。

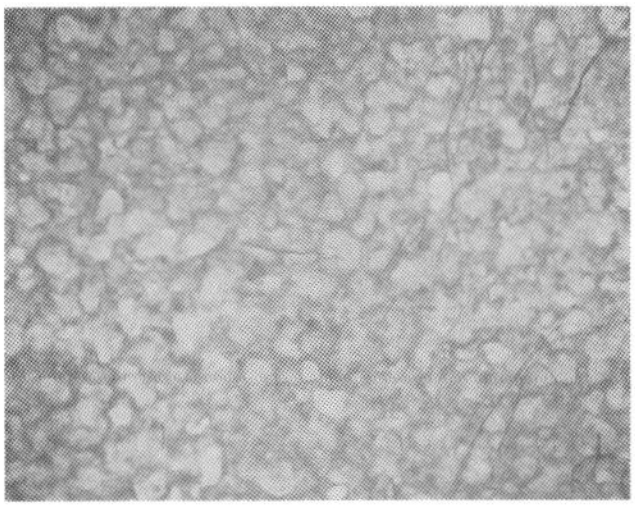

水滴で穴を開けた和紙にフロントライトを当てた場合（上）と、バックライトを当てた場合（下）。

がどう動くのかなど、水の性質がわかれば、面白いアイデアが生まれてくる。大切なのは日々の観察力だ。たわしは、私の和紙づくりにはなくてはならない道具の一つだ。

金箔《きんぱく》を粉にして和紙の繊維と絡め、木型に流し込んで柄をつくる手法もある。金箔で絵を描いたように見えるが、実際には粉状の金箔が繊維の表面に浮かんだり、繊維の中に入り込んだりしていて、上品な光り方をしてくれる。和紙に二次加工で箔を貼り付けたり、金色に印刷をするのとは全く違う表情になり、バックライトによって金箔は幻想的な影絵になる。

破れない和紙をつくる

手漉き和紙にいろいろな手法を試み始めて一、二年は、「何てきれいな紙が漉けたのだろう」と単純に喜んでいた。しかし、「破れる」「汚れる」「燃える」「色が変わる」などの難題に取り組んでいなかったために、「ああ、堀木さん、すごいものができるのね」「きれいなものができたね」とほめてはくれるけれど、誰も買ってくれない。

買ってもらうために、まず破れない加工に取り組んだ。

粉にした金箔を和紙の繊維と絡めて生まれた柄。（撮影：淺川敏）

アクリル板の表面に和紙を貼ると、人間の目にはアクリル板の存在は全く感じられない。ところが和紙の背面にアクリル板があるから、つついても破れない。そんな丈夫な光壁をつくりたいと思った私は、まず施工会社を訪ねた。大きなアクリル板に大きな和紙を貼れるかと尋ねると、即座に「できない」と言う。できない理由はいろいろあるのだが、七社に依頼して七社とも断られた。

「偶然性のある代替えのない和紙、しかも高価な和紙を自分たちが請け負って貼ろうとしても、大きなものだから貼りにくいし、途中で気泡が入ったり、しわができたり、破ってしまったりしたら、責任がとれない」というのが、施工会社に共通の理由だった。どこも請け負ってくれない。

そこで、前に進むために二つの方法を考える。原因を解決するか、新しい方法に挑むか。できない原因は和紙の特性だからどうしようもない。ということは違う方法を見つけるしかない。誰もつくってくれないのなら、自分たちでつくるしかない。私たちは粘着シートの選出から始めて、しわを入れず、気泡を入れず、はがれることなく貼れる方法を模索した。そして自分たちの手で、大きなアクリル板に大きな和紙を貼ることができた。私は早速、破れない和紙を、六本木の高級クラブの壁面に使うことを提案した。しかし、即座に却下されてしまった。和紙の背面に照明器具を入れる必要があり、その器具の交換が大変だろうと言うのだ。

「数枚の大きなアクリル板を外して電球を交換するのに、三日ぐらいかかるだろう、店の休みは日曜日しかないからやめてください」というのが断られた理由だった。

「こんなに大きなものを入れたら、あとあとの管理が困る」と言われて、メンテナンスのための構造設計まで自分たちでするしかないということに気がついたのである。貼り込むだけ、施工するだけでなく、その後のメンテナンスのことまで考えた図面も私たちがつくらなければならないという状況になり、結局すべてを自分たちですることになった。

　私は、グラフィックデザイナーの方にデザイン顧問になっていただき、アクリルや金物など、それぞれのジャンルのプロの方に協力をお願いした。大きなアクリル板に大きな和紙を貼って設置することは、いままで誰も取り組んだことがない試みだった。皆が新しい挑戦に関心をもってくれて、それぞれ自分の仕事を終えた後に集まってあれこれ考えてくれるようになった。

　普通、大きなアクリル板は自重でたわんでしまうから、床に置いたときに板の中央部分が前後いずれかに飛び出してしまう。それを避けるために、アクリル板を箱形に成形して吊り下げる構造にした。また、大きなアクリル板を動かさずに電球交換ができるように、光壁の下部を着脱が可能なマグネット形式の巾木《はばき》にした。和紙の背面にある、目に見えない部分の設計から、メンテナンスのための構造など、何から何まで一切を自分たちで手がける。それが私の大きな和紙を実際に使ってもらうための一つの手段だった。

私の仕事は、ひと言で言うと、「長靴から地下足袋まで」だ。長靴を履いて紙を漉くところから、地下足袋、ヘルメット、安全帯を身につけて足場の上に上がって、高所で和紙を設置するところまですべてを手がける。「一貫してやっています」と言えば、格好よく聞こえるけれど、本当は全く格好悪い。どこも請け負ってくれないから、自分たちで試行錯誤しながら施工していたら、すべてに関わることになったというのが実態なのだ。

私は社長でもあるしデザイナーでもある。ディレクションやプロデュースもする。紙も漉くし施工もする。いろんなことをするけれども、マルチ人間になろうと思っていたわけではない。社長になりたいと思ったわけではなく、社長になってくれる人がいなかっただけだ。私の会社に、デザイナーになってくれる人がいなかったし、ディレクションやプロデュースをしてくれる人がいなかった。だから自分でするしかなかったことがいまの姿となった。代わりがいないから自分がやるだけ。その繰り返しなのだ。

消防法の規制を突破する

いまでこそ私たちの和紙は、単体で防炎加工を行い、日本防炎協会の防炎ラベルを貼ることができるけれど、当時は、和紙単体で防炎の認定を受けることは不可能だった。

成田国際空港の第一ターミナルは、消防法の規制で燃えるものの使用は禁止されている。「不燃」の認定を取らなくてはいけないのだが、和紙単体で認定された例がなかった。唯一、日本壁装協会に「不燃」の認定があった。しかしそれは、燃えない素地に燃えない加工をした和紙を貼って、初めて認められるものだ。和紙単体でタペストリーのように吊り下げて、日本壁装協会の「不燃」に当てはめるのは無理だった。そこで、燃えるアクリル板の代わりに、不燃で透明感のあるガラスを使い、不燃処理をした和紙を貼り込んだ。現在では単体で防炎加工のラベルが取得できるようになったが、認可を実現するのに二年もかかった。

申請したくても、まず「紙」というカテゴリーがなかった。紙は燃えるものという前提だから、認可の下しようがない。突破口がなかったわけだ。でも、あきらめたら終わりだ。

高層ビルも、劇場も、駅も同様の規制が適用されている。調べていくと、「垂れ幕シート類」という分類項目があることがわかった。私たちの和紙は大きいから、立派な垂れ幕シート

成田国際空港第一ターミナルの到着ロビーに設置されたライトキューブ。（撮影：淺川敏）

ではないか。何とか認可してもらえそうなカテゴリーを見つけた。

不燃液もいろいろなものを試してみた。何年たっても色が変わらず、和紙の質感が損なわれないものを探して、さまざまな実験をした。その結果、アメリカの不燃剤を使えることがわかり、塗布加工をして申請した。さらに私とスタッフは、防炎加工ができる技術者の免許を取得して、私たちの京都の工房を防炎処理の認定工場にした。つまり、自分たちで責任をもって加工するのであれば、〝許可する〟ということになったのだ。

こうして二年間、日本防炎協会とのやり取りを続けて、やっと認めてもらうことができた。私が前例のないことを行ったことによって、同じように紙を扱う人たちも前進しやすくなる。そして、私たちの技術開発はさらにその先へ開かれていく。あきらめさえしなければ必ず道が開ける。前例がなくても、自分が前例をつくることで業界の可能性も広がっていくのだ。

夢は語らないと実現しない

ガラスとガラスの間に和紙をサンドイッチ状にした私たちの「合わせガラス」は、ガラスと和紙を合わせるときに特殊なフィルターを挟んで熱処理を施し、割れても破片が飛び散らないような構造になっている。車のフロントガラスと同じで、クモの巣状にヒビは入るけれど、破片は落下しないという安全設計にしてあるのだ。

また、和紙の質感を損なわないように、ガラスの表面は無反射加工が施されている。この「合わせガラス」に向かって立つと、影が鏡のように映り込むことがなく、内部の和紙がしっかり見えて、照明を当てても、反射しにくい。映り込みや反射をなくして和紙本来の素材感に近い表情に加工することによって、いまでは外壁にも「合わせガラス」が使えるようになった。実際に、京都駅前のビルの外壁に百五十枚ほど使っている。

「夢は語らないと実現しない」と、私はよく言う。夢を語っていると「堀木さん、そんな夢があるんだったら、今度知り合いを紹介する」とか、「そんな夢をもっているんだったら、私も応援ができる」と言ってくれる人が出てくる。

当時の私の夢は、和紙を室内装飾のためだけではなく、外壁の素材としても使えることを人々に知ってもらうことだった。都市の環境づくりに役立てられる、街づくりに貢献できる和紙をつくりたかったのだ。それを講演会のたびに言い続けていた。

私の講演を聞いた大阪の建築家から、「いま京都駅前で設計しているビルがあるけれども、和紙を外壁に使えないだろうか。百五十枚ぐらいの大量な素材が要るけれど、できるか」

と打診された。「合わせガラス」の技術でつくった和紙は外壁に使っても変色せず、水や雨や風に対する強度もあるが、実際に使ったことはなかった。それが、ついに実現した。夢を語っていると現実となることの証しとなったのだ。

実は、この仕事を進めていたとき、私は見積もりを間違えてしまった。かなりの金額を安く積算してしまったのだ。あとから「間違えました」ではすまされない。大学という公的な施設で、ゼネコンも間に入り、京都市も絡んでいる。公共のお金が関係しているのだから、見積もりをして価格を決定して、すでにプランが実行に移されているものを、「あ、二、三百万円、間違えました」と言われても困るわけだ。

まずゼネコンに相談に行くと、「堀木さん、何層重ねてつくっているの？　堀木さんの和紙は積層するんだよね」と言われた。

「三層で漉こうと思っています」

「じゃあ堀木さん、一層か二層にしたら、堀木さんのとこはそんなに赤字が出ないんと違うの？」

「そうですね。そうしたら赤字が出ないかもしれません。検討してみますけど、またお答えはちゃんとさせていただきます」とその場では答えたけれど、本当にそれでいいのか、考えた。

三層で漉くというのが最初の私の発想だったわけだ。クオリティを落としてもいいのか……。確かに見積もりのミスの幅は小さくなるかもしれない。でもやはりだめなのだと、はっきり気がついた。何が間違いで、何が正しいかということは、少し落ち着いて考えてみればわかることだ。

私がとった行動は、四層にすることだった。三層は当初から私がしようとしていたこと。でも四層にすることで、よりクオリティを上げて、それを見た人たちから次の仕事がくるようにしようと思ったのだ。赤字の幅は増えるけれど、より質の高いものをつくり、よりよい結果につなげていく。次の注文がくるくらいの新しいチャレンジに換えるべきだし、間違いのままで終わらせるわけにはいかないと思ったのだ。

結局、色の数も増やして、七色を使った四層漉きにした。七色は、虹の色。虹の色は世界に共通した希望の象徴だ。このビルは京都市の希望の象徴であり、大学生の、そして私自身の希望の象徴でもあるのだ。

キャンパスプラザ京都の外観。ガラスとガラスの間に和紙を挟み込んでつくった「合わせガラス」を外壁に使う。（撮影：松村芳治）

「残念だ」と言わせないために

　こうして、外壁に「合わせガラス」が使えるようになった。私としては大満足だったのだが、周りから聞こえてくる声は違った。

「でも堀木さん、ちょっと残念ね」と、方々から言われた。「だって、和紙に見えないし、和じゃないし」と言うのだ。

「和紙に見えないし、和じゃないし」という考え方こそが、伝統産業の発展を妨げるのだと私は思っている。和紙とか和に見えることが重要なのではない。職人さんの手漉きの技術を使わなければできなくて、一枚一枚に偶然性があってうつろう素材が百五十枚も並んで壁を形づくっているのだ。同じことはほかの素材ではおそらくできないだろう。ガラスだけでもできなかったし、和紙だけでもできなかった表現だ。布でも、金物でも、木でも、どんな素材でも代用できないもの、つまり〝新素材〟なのだ。

　これを新素材だと考えれば未来は大きく開けるのに、和に見えないとか、和紙に見えないと考えてしまうと、先の展望はなくなる。私はいまだにこれは新素材だと思って、確信をもって取り組んでいるし、もちろん要望もあってつくり続けている。ただ、私はそのときに、残念だと言う人たちに「残念だ」と思わせたままにしたくなかった。だから、何かアクションを起こそうと思った。次への進化だ。

サイズが大きくなれば大きくなるほど、強度の問題があるのでガラスは分厚くしなくてはならない。分厚くなるということは、より残念な状況と言える。ガラスの奥に和紙が入って、ガラスの存在感がより大きくなるので、和紙らしくないわけだ。それを「残念」ではないようにするために、新たなアイデアを実行した。

ガラスの表面を削ってキズをつけるエッチングという方法で柄をつける。十二ミリのガラスの表面にエッチング加工でデザインを施して、その柄の下に和紙の柄が重なるように計算して挟み込む。そうすると、ガラスの十二ミリの厚さが絵柄の奥行き感につながる。その奥行き感が高級感を生み出し、ガラスを使う意味が高まるというアイデアだ。

「残念ね」と言わせないために生まれた、現代素材のガラスと伝統素材の和紙とを融合させるエッチングの手法は奏功した。自分では新素材だと確信していても、やはり人の声は聞かなくてはならない。残念だと言う人たちにも、「ほう、こういう手があったか」「こんな可能性もあったのか」と思ってもらうためにどうするかと考えることも、和紙の可能性を広げる大切な視点の一つだ。

和紙は四隅に角があって四角いもの。その概念を変えた作品は、美術館のカフェでの夕ペストリーだ。初めから不定形に漉いている円形と月形を合わせて、畳三畳分の和紙を四枚使って構成した。

建築家から和紙を使いたいという依頼を受けて、店舗の図面をいただいた。カフェには四枚の大きな扉があり、四枚とも常時開閉をする。外のパティオでもお茶を飲むので、お客さんもお店の人もそこを出入りするため、扉を開け閉めするたびに風が起こる。薄くて軽い大きな和紙は、扉が開くたびに揺れるだろう。揺れたらほこりが落ちる。私は、「作品の下でコーヒーを飲むのだから、ここには和紙は向きません」と言ってしまった。それでも「やっぱり堀木さんの作品を」と要望をいただいた。だったらできることを考えなくてはいけないと、いつもの思考回路が働き出す。

なぜ和紙が揺れるのか。それは扉を開けたときに空気が入って、空気抵抗が生じるからだ。簡単に考えれば、表面積を減らせばいい。和紙を四角く漉くという概念を外して、不定形に漉けばいいのではないか。和紙の中に糸を漉き込み、糸の先は和紙の外へ伸ばしておいて、糸にタペストリーバーを接続すれば、そのバーは錘《おもり》にもなる。

紙の表面に水滴で穴を開ければ、扉を開けて風が入っても空気抵抗が少なくなって揺れない。図面から読み取れるマイナス要因をプラスに変えるためにどうするか、空気が流れる場所に、薄くて軽い和紙を使おうとしたら何をすべきかを、原点に戻って考えていく。

細見美術館「カフェキューブ」の内観。和紙を四角く漉くという概念を外し、不定形に漉いている。

課題は何か、問題となる要因をなくすためにはどうすればいいのか、この探求によって、自然に実現できる方向が見えてくる。

すべては「要望」から始まる

新しいものをつくるときに、私自身が「こんなものをつくりたい」と強く思って着手するのではなく、すべてはお客さんの要望から始まる。「堀木さん、こんなものが欲しいんだけど」という要望に対して、どう応えるかということだ。

私は職人でもあり、デザイナーでもある。アーティストとしての作品も求められる。でも、もし私が私自身の思いだけで表現したり、世の中に必要だろうと勝手に考えてものをつくったとしたら、それは私一人の思い込みで、実際は人から見ると全く要らないものだったりするかもしれない。「堀木一人で、何を勘違いしているの」ということになりかねない。

いま目の前にいる人が私に発する言葉こそが、現代の要望そのものに違いない。難しい要望に真の叫びがある。それを解決していかないと、未来にもつながらない。依頼者の要望に応えることが、伝統産業に関わる私の仕事の重要なポイントなのだ。要望が無理難題であればあるほど、いままで誰も取り組んでいない新しい前例づくりへの挑戦となり、それが未来を切り拓くことになる。だから、どんなに難しい注文がきても、断ってはいけないのだ。

京都の工房では私たちが独自の手法で紙を漉き、作品をつくっているが、私は二つ特許を取得している。

一つは、巨大な紙を、水滴で穴を開けながら漉いていくという技術。最大で十六メートル×六メートルまで一枚で漉き上げる。この手法は細い足場の上で作業をする。

もう一つの特許は立体漉きの和紙だ。普通、立体的な和紙をつくるには、まず竹ひごを組んで骨組みをつくる。そこに和紙をちぎって糊で貼り込んでいくという作業を行うと提灯のようなものができるわけだが、私の手法は糊を一切使っていない。針金や竹ひごなどの骨も使わずに、立体的に抜け殻のように漉き上げる。

この手法が生まれたのも依頼者の要望からだった。建築家の伊東豊雄さんから「堀木さん、卵をつくりたいんだけど」という依頼を受けた。卵といっても、サイズはとても大きい。伊東さんは当時、卵のモチーフを建築空間に展開していらした。私は、竹ひごで骨を組んで、平面の和紙を貼ってつくってみた。ところが、じっと見ていたら、これなら私が

卵形の照明。建築家伊東豊雄氏の要望から生まれた。（撮影：淺川敏）

つくるよりも岐阜の提灯職人さんのほうが絶対に上手だし、照明器具メーカーさんのほうが安くてきれいなものを大量につくれるだろうと思った。中途半端な完成度なら、私がつくる意味がない。困り果てて、ゆで卵を横に置き、ほかの仕事をしながら毎日眺めていた。

そして、ある日、卵には骨がないことに気づいた。骨はないのに、なぜ骨組みから発想を始めていたのか。骨組みを組まずに漉き上げればいいということに気づいて生まれたのが、立体和紙だ。

この発想は、リンゴを入れたスーパーの袋を下げて歩いている人を見てひらめいた。袋の底のリンゴ二つの形を見たとき、大きな風船と小さな風船を使って型にすれば、卵形の立体がつくれるかもしれないと思いついたのだ。

大きな風船を一つ、小さな風船を二つ用意する。大きな風船をある程度まで膨らませて、小さな風船をしぼんだまま突っ込み、口だけ出しておく。その小さな風船を膨らませて口を縛り、もう一つの小さな風船も同じように、最初のものよりもやや大きめに膨らませて口を縛り、大きな風船の中に入れる。最後に、二つの小さな風船が入っている外側の大きな風船の空気を抜くと、二つの小さな風船にぴったりくっついて、卵形にカバーされた形ができる。その上に和紙を漉いてから乾燥させ、乾いたら針で中の風船を割る。そして光源を入れる穴を下部に開けて、風船を抜きとるのだ。

最初のうちは、卵の形しかできなかったが、型の素材や仕組みを工夫して、ほかの形もつくれるようになっていった。いまでは、人間の形をつくれと求められたら、指の形までリアルな抜け殻のような造形をつくって光らせることもできる。

二〇〇〇年、イタリアのミラノサローネに併設して開かれた展覧会には、トルソー形の立体和紙を出品した。それを見たフランスのファッションブランドから「クリスマスのディスプレーに使いたい」との依頼があった。もし重みのあるジュエリーをぶら下げたら、宝石の重みで、抜け殻のように空洞になっている和紙のトルソーがへこんでしまう可能性がある。ジュエリーが落ちてしまったら高価な商品にキズがつく。しかも海外に送るので、和紙の扱いを知らない人が無造作に扱うかもしれない。すぐにへこんだり破れたりすると困るので、その解決策として、透明度のある樹脂の型を埋め込みながら、糊を使わずに型の周りに紙を漉いていくという方法を生み出した。楮の茎をデザイン的に漉き込み、ドレープを表現したり質感を強調して、丈夫なトルソーが出来上がった。

逆の発想もある。骨組みごと漉き込む、つまり構造物ごと漉き込んで巨大な作品をつくるのだ。鹿児島の博物館に、十六メートル×八メートルのドームを制作し、いまも常設されている。構造体を和紙の中に埋め込みながら漉いていくと、昼間の太陽光線ではレリーフ壁のように構造体が和紙の凹凸感として見えるが、夜になると照明の効果でそれが影となってふわっと浮かび上がってくる。すべて前例がないものばかりだ。

宇宙には継ぎ目はない

建築家の黒川雅之さんから私に「お茶室をつくって」と依頼されたのは、東京の原宿で開催されたイベントのときだった。大きな白い和紙一枚と大きな黒い和紙一枚、その二枚を吊り下げるだけでお茶室をつくりたいという依頼だった。イベント用だから、終わったらまるめてしまっておき、使うときは出してきてどこかに置けるような移動式でという要望だった。

黒川さんは、その当時、私が畳三畳分の大きさの和紙を漉いていることをご存じだった。七・六メートルの黒い和紙は湾曲させて吊る。六メートルの白い和紙は平面で吊る。二枚の和紙の間から空間に人が入っていくというイメージだった。

湾曲した黒い和紙と、まっすぐな白い和紙のレイアウト図を見せていただいたとき、床に直径三十センチぐらいの薄い陶器に水が張ってある水盤を見つけた。黒川さんに尋ねると、それは海を表しているとおっしゃった。白い和紙は光、さらに、黒い和紙は闇だと言われた。

「日本の茶室は小宇宙を表していると聞くけど、やっぱり黒川さんは小宇宙をつくろうと思っているのだ、お茶室は宇宙なんだ」と感じた。私は、当時お茶の作法も知らなかったけれども、「二畳一間など、狭い部屋にしつらえがあって、宇宙観がある。心が研ぎ澄まされるなあ」と感心しながら、ふっと気がついた。

「宇宙には継ぎ目はないわ」

宇宙に継ぎ目はないのに、継ぎ目で継いだ和紙では、「宇宙」にはつながらないと思ったのだ。継ぎ目のない和紙をつくらないと、黒川さんの宇宙にはならない。二枚の和紙が光にならないし、闇にならない。何とかして継ぎ目のない大きなものをつくろう……。そして出来上がったのが、巨大な継ぎ目のない二枚の和紙だ。

大きな和紙を試行錯誤してつくるわけだが、職人さんたちとは全く違うつくり方を考えた。一枚の中で厚いところがあったり薄いところがあったり、ちょっとたわんでいたり、普通の和紙とは似て非なるものに仕上がったが、不安定な形の和紙も味になって、我ながらいい感じのお茶室に仕上げることができた。黒川さんにも喜んでいただけた。

一つの新しい技術が見つかったら、今度はそれを発展させていかないと「伝統」になっていかない。従来の水滴の手法で穴を開けたり、厚さが違ってもたわまないようなものを

6m × 3.6m の白い和紙と 7.6m × 2m の黒い和紙からなる茶室「天地庵」。建築家黒川雅之氏の依頼によって制作された。

つくったり、和紙の中にワイヤーを漉き込んで、天井と床のワイヤーストッパーに差し込むだけの構造で通路をつくるなど、アイデアはさらに広がっていく。

「できる」という前提で物事を考える

ＳＨＩＭＵＳを始めたころは、バブル経済の絶頂期だった。多くの日本人が衣食に事足りて住空間に興味と関心を向けていて、さまざまなインテリアデザイナーが活躍していた。中でも倉俣史朗さんの表現は突出していた。アクリルやガラスなどの素材を、いままで誰も試みたことがないような形につくりあげるのを見て驚いたし、その固定観念にとらわれない発想に、私は強い刺激を受けていた。素材の本質を見つめ、新しい表現や技術そのものを進化させていく仕事ぶりを見て、和紙の世界では私がそのような挑戦をしなければと考えた。

岐阜県美濃市にある「美濃和紙の里会館」に、ワイヤーを漉き込んで自立させる和紙のパーティションのアイデアを説明したとき、まず「やめてくれ」と館の責任者から拒否されてしまった。「ここは、遠足などで子どもたちが団体で通る美術館のアプローチだ。何も裏打ちされていない、ワイヤーがついただけの和紙は、子どもたちが触ったら、すぐ穴が開くでしょう。絶対ダメだ」と言うのだ。

私は和紙の強さを知っている。でも、和紙の強さをいくら口で説明しても、わかってもらえない。たくさんの楮の繊維を茎ごと入れて、複数のワイヤーで張っておけば簡単には破れない。薄くて軽く、透過度がある和紙の通路は和紙の美術館にふさわしいのに、相手は、屏風のように裏打ちされていないから破れてしまうに違いないと考えている。

いろいろなやり取りをしたけれど納得してもらえなかったので、「わかりました。では、私は和紙を二組つくります。一組を納品させてください。もう一組は私が持っています。もし破れたら、岐阜は近いですから翌日すぐに取り替えにきます。でも、同じものに取り替えても、一回破れるということは、次も破れる可能性があるわけですから、その後一カ月以内に裏打ちをして、おっしゃるとおりの屏風にしたものを納めさせていただきます」と話した。すべて私が責任をもちますという書類もつくって、印鑑を押し、やっと許可が下りた。万一破れたときのためにつくったもう一組の和紙は、いまも私が持っている。

前例がないことを通すためには、相手が受け入れやすい提案を示すことが必要なときもある。でも、このように私たちが自分で前例をつくっていけば、それはそのまま業界の前例となる。いまは、強度の心配があるなら、「あの作品を見に行ってください」と言える。

美濃和紙の里会館内の通路に設置した、ワイヤーを漉き込んでつくられた和紙のパーティション。
（撮影：松村芳治）

見れば納得してもらえるからだ。二十年前に施工したものが、現在もまだきれいに破れずに使われているのだから。

ワイヤーで自立する和紙のパーティションの制作は、非常に難しかった。課題は二つ。和紙はつくっているときは濡れている。濡れているものは乾燥すると縮むから、十センチの間隔でワイヤーを入れて漉いていても、実際に乾燥したら九センチだったり、八・五センチの間隔になったりする。現場では十センチ間隔で、天井と床にグリップのシステムが埋め込まれている。現場に和紙を持っていっても、乾燥して寸法の縮んでしまったものはシステムの寸法と合わない。濡れていても乾燥していても十センチ間隔のままで、定位置のシステムに差し込めるようにすることは、大きな技術開発だった。

もう一つは、ステンレスワイヤーという異物を、和紙の中に挟み込んで漉いたときに、乾燥してからちょっと引っ張ると、すぐ抜けてしまうという難点だ。抜けたら和紙がストンと下に落ちてしまう。だから抜けないように細工をして漉き込む技術も開発した。一つ一つ手探りで考えていった結果だ。

「できるか、できないか」では悩まないというのが、私の仕事の流儀だ。もし迷ったら、「できない」ということを捨てる。できる前提でしか物事を進めない。こうだからできない、ああだからできないという発想はない。こうすればできる、ああすればできるとしか考えない。できる前提でしか考えないから、結果もついてくる。私は手漉き和紙という世界にいるが、世の中のことはすべて同じように、できる前提で取り組んでいるものしか前に進めないと思っている。必ずできると信じて行動すれば、実現できるのだと。

例えば、私たちは、いま簡単に飛行機に乗って海外に出かけていくが、大昔、「人間が空を飛ぶ」と言っていた人たちはバカにされたに違いない。飛んでみてケガをしたら「それ、見てみろ」と笑いものになったり、亡くなった方もいたかもしれない。何世代も経て、人間が空を飛べるようになったけれど、振り返ってみると、その時代に、誰かができる前提で物事を進めていなければ、できなかったことばかりではないか。

私が子どものころの黒い大きな電話機は、コードの中を声が流れてくると思っていた。コードがあって初めて話せるものだと思っていたから、いまのようにコードがなくて、持ち運びもできて安価な携帯電話が実現するとは、考えてもいなかった。でも誰かができる前提で進めていたから、いまがあるわけだ。

そうした思考の積み重ねでやり遂げた仕事が、二〇〇〇年のドイツのハノーバー万国博覧会で日本館に出品した、和紙でつくった自動車だ。銅版画家の山本容子さんが発案とデザインをされて、一緒につくったものだ。

私は、自動車の本体を立体和紙でつくる技術者として関わった。大変だったのは、その車を実際に走らせること。二人乗りで会場内を走る。雨の日もあれば、風が強い日もある。毎日、人がハンドルを握る。車体は光っていて、外装も内装もシートもハンドルもホイールキャップも全部、和紙でできている。和紙でないのは、タイヤと電気自動車のモーターや機器だけだった。

仕事の依頼があったのは、ハノーバー万国博覧会が開催される一年前だ。依頼をされても、一年間で出来上がる保証はない。つくり方すらイメージできない。車の形はつくることができても、人が二人乗って実際に走れるのか。しかも博覧会の会場には、燃えるものを使ってはいけないという消防法の規制もある。昼間は展示されて、夜は光りながら走る、雨にも風にも負けないもの、崩れないもの、汚れにくいもの、すべてをクリアしなければならなかった。

あとになって、「なぜ、こんなに大きなリスクのある仕事を引き受けたのか？」と、多くの人から不思議がられた。依頼を受けて期日までに仕上がらなかったら大変なことにな

ハノーバー万国博覧会日本館　和紙の車「ランタンカー〝螢〟」。銅版画家山本容子氏のデザイン・発案による。

る。日本館に展示する大きな展示物が納められなければ、責任と補償が問われる。だからつくり上げるしかないのだが、依頼のあった時点ではできるかどうかすらわからなかった。つくり上げるという強い意志があったからこそ、やり遂げられたのだ。

できる前提で取り組んでいかなければ、何事も前に進まない。こうしてプロ意識が芽生え、失敗も肥やしにできる。不可能と思えることに挑戦していくから、新たな技術の可能性も生まれてくる。

施主企業のコンセプトを形にする

一人の作家に、一つの百貨店の大きな吹き抜けのデザインを全部任せてくれるというのは、ほとんど前例のないことだ。大阪の旧そごう心斎橋本店から依頼があった仕事は、半年ほどの間で仕上げなくてはならないものだった。いまから振り返ると、どうやってつくったのか、スタッフも私も全容を思い出すことができない。それくらい多事多難だった。しかし、それだけやり甲斐《がい》のある、私たちの思い出の作品となった。

そごうのロゴマークは、蝶《ちょう》を表している。そして、そごうは企業としての立て直しを図っていたので、再建や永遠性ということがテーマになっていた。取り壊す前の建物にはアールヌーヴォーのモチーフが多く使われており、以前の雰囲気やイメージを引き継いでほしいという要望もあった。店内の内装は海外のデザイナーが担当していて、フェミニンをテーマにしていた。フェミニン、アールヌーヴォー、永遠性、蝶の四つのキーワードが与えられた。

最初の打ち合わせで、「百貨店はただでさえ八階まで人を誘導していくのが難しいのに、十四階まで人を上げるのは大変なんですよ」というオーナー側からの話を聞いた。私の作品は、地下と一階エントランスと十四階の三カ所につくることになっていた。人を上に誘導していく動線は大事なポイントだ。百貨店は、人が回遊してくれないと困る。各階でいろんなものを見てもらうことが不可欠なのであれば、作品で人を誘導するにはどうしたらいいのかということを考えなくてはならない。

地下の作品は、蝶の卵をイメージした。地下の食品売場で販売している商品は、和、洋、中の食材であることから、和の行灯《あんどん》のようにも、中国の照明のようにも、西洋のシャンデリアのようにも見えるシンプルな造形ということで、蝶の卵を表現した。

一階のエントランスにつくったのは、二十八メートルの巨大な作品だ。百貨店に入ると、六メートルのリング状の大きなオブジェが目に入り、回り込んでいくと、人が立つ位置に

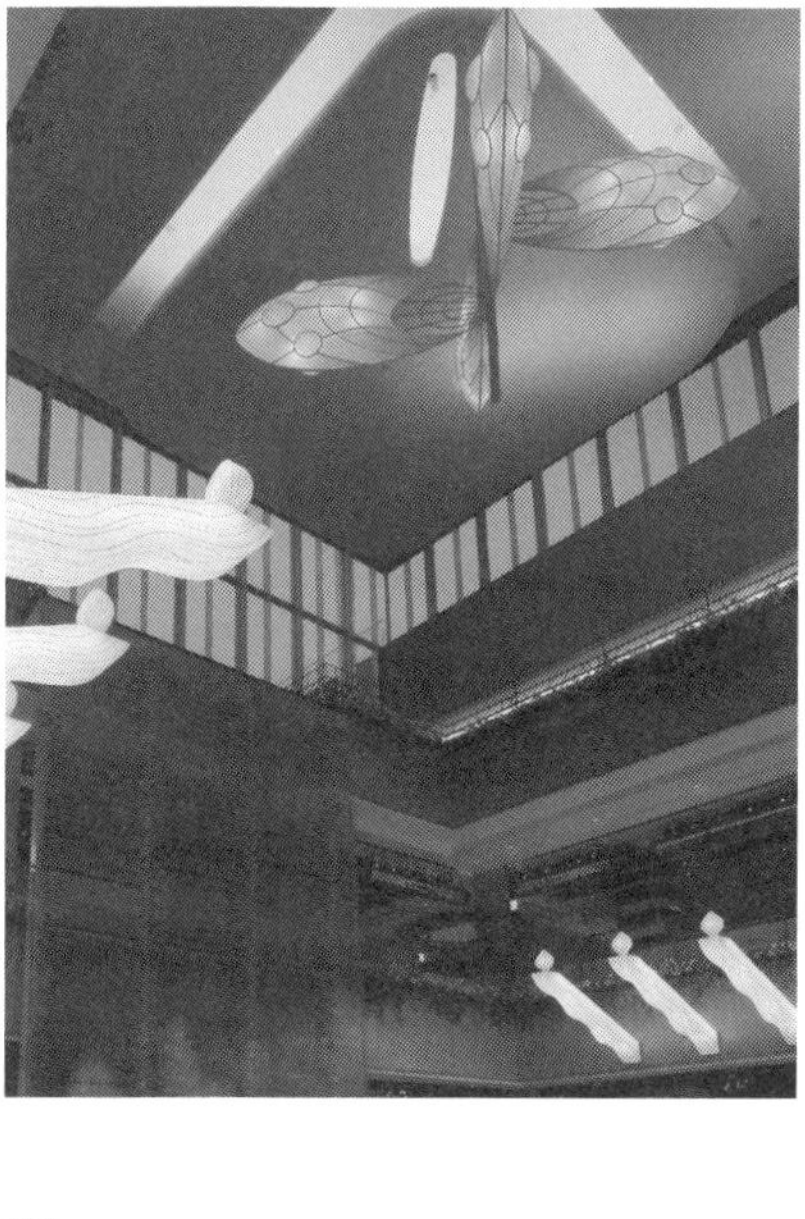

旧そごう心斎橋本店の地階、１階、14 階の吹き抜け空間の作品を制作した。上：１階エントランスのオブジェは、２匹の蝶のさなぎと「永遠の時」を表すリングから成っている。左：14 階のオブジェを見上げる。（撮影:松村芳治）

よって全体の印象が変わる。それは蝶が羽を広げたような姿にも見えるけれど、実は、二匹の蝶のさなぎを表している。リングは永遠を表す形で、継ぎ目がない。終わりがないという意味だ。二匹のさなぎが永遠の象徴を抱えている姿だ。

十四階のオブジェは、鉄骨ごと漉き込むという立体和紙の手法で制作した。作品は三百六十度見渡せるところに設置されている。下からも、上からも横からも全部見える。作品の中には照明器具が入っているから、電球が切れたときに取り替える点検口が要る。ところが、繊細な造形の作品に扉のようなものはつけられないから、立体的に漉く技術を用い、お椀状の和紙の一部を取り外せるようにした。ビス留めにして、そのビスを外して手を入れる。鉄骨ごと漉き込めるからこそ、そして立体に漉けるからこそできる造形なのだ。

この形は、吹き抜け空間の一番下から見上げると、さなぎから生まれた四匹の命を表す姿に見える。上階に上がって真横から見ると、一本の枝に二匹の蝶が止まっているようだ。さらに、回り込んで正面から見ると、一匹の蝶が羽ばたいていくようにも見える。卵からさなぎになり、脱皮して飛んでいくという、命の永遠性を表現した。

三カ所の作品が全部出来上がってから、吹き抜け下部のレストラン階が少し寂しいから作品を追加してほしい、下にもう一匹、蝶を増やしてほしいと言われたのだが、コンセプトを一貫させるために違う作品を追加した。

最上階の空間に水が流れ落ちている滝のように見える壁面がある。そして中央に蝶の作品がある。この壁面と蝶に向かって、両側の壁面から斜めに伸びた枝のような形の照明をつける。先端には、蕾《つぼみ》やろうそくの灯、あるいは木の実のようにも見えるオブジェを設置した。実は、両手を合わせてお祈りをしたときの手の形を表現している。

そごうは本来「十合」と書く。十合伊兵衛が呉服屋として始めた百貨店である。十個の手を合わせた形、つまり十個の祈る気持ちで、命の永遠性を見守るという意味を込めて、求心性のある柱の最上部に祈りの形を載せたのだ。

作品にはすべて、色、柄、形状に意味がある。私は、自然に対する畏敬の念や命に対する祈りの形にこだわっているが、企業から依頼を受けた仕事では、よい兆しが湧き上がるという文様や、連綿として絶えないという意味をもつ吉祥の柄などをモチーフにすることも心がけている。

自分自身の固定観念を超えて

六本木という大都会の真ん中にある東京ミッドタウンは、和を意識した建築物として知られる。ガレリアに私の作品をという依頼があった。建物の入り口にあるアクリルでできた大きなゲートは、夜になると光る。図面を確認し、「このゲートは何ですか」と聞くと、建築家は「鳥居をイメージしている」と言う。六本木の真ん中で鳥居をくぐって建物に入ったら、私の作品があるということになる。

それならば、鳥居の向こうに、みんなが心地よさを感じてくれるような鎮守の杜《もり》をつくろうと方針を決めた。太陽と杜の葉っぱと、神社の注連縄《しめなわ》、その三つのモチーフで、主張し過ぎず埋没しない、そして、見る人の気持ちに寄り添ってくれるような作品づくりを目指した。抽象的にも具象的にもなり過ぎないようにというのは、私の作品づくりのモットーだ。作品を見る人それぞれが、いろいろなイメージをもってくれることを望むから。和紙という素材を生かすことを目的に表現をしていることもあり、デザインの意図とともに、和紙独自の質感や空気感を大切にしたいのだ。

京都のデザイングループ「和空」で手がけた、ウォルト・ディズニーとのコラボレーショ

東京ミッドタウン内の吹き抜け空間に設置されたブリッジ光壁。(撮影：淺川敏)

ンでは、ミッキーマウスのオブジェを制作した。光るオブジェだ。

実はミッキーマウスは非常に複雑な造形をしている。腕が細くて手が大きい。首のところで締まって顔が大きく広がっている。太ももが細くて足が大きい。だから体の中央に照明を入れただけでは全部は光らない。オブジェは、座った造形にして光のチューブを椅子から体内に血管のように入れ、体中に光るチューブを張り巡らせて、やっと光らせることができた。そして心臓部分の赤い一灯のＬＥＤ照明が、まるでミッキーが深呼吸をしているかのように、ついたり消えたりする。

和紙の可能性を広げ、和紙づくりの技術を発展させていこうと思うなら、和紙だけを見ていてはだめだ。和紙が活性化し発展するには、現代の異業種の最先端技術と組み合わせて考えることが重要だ。例えば、アクリルやガラスなどを使った新素材や新しい技術と関わることで、和紙の表現の幅は膨らむし、可能性が広がっていくのだ。

他業種とのコラボレーションを通じて新たな可能性に挑んだのが、約二百五十年もの歴史がある、フランスのクリスタルブランド、バカラとの仕事である。和紙の中にクリスタルを埋め込みながら漉いていく新しい技術に取り組んだ。クリスタルだけでも二十キロの重さがあるので、和紙の強度をこれまでにないレベルに高めなくてはならない。

バカラとの出会いは、一九九九年にチェリストのヨーヨー・マ（馬友友）さんの舞台美術を制作したとき、バカラがスポンサーとなってくれたご縁にさかのぼる。その後、私の巡回展覧会の折に再度の協賛のお願いに伺ったときに「協賛もするけれども、クリスタルを使った作品もつくってみませんか」と嬉しい提案をいただいた。帰りの新幹線で絵を描いて、翌日にファックスしたくらい、和紙とクリスタルを融合させたデザインは、おのずと湧き上がってきた。その後、技術的な試行錯誤の中でつくった作品が、ミラノサローネで発表する作品へとつながっていく。

フランスのバカラの社長が私の巡回展覧会の作品展示をご覧になって「面白いじゃないか。限定商品をつくろう」という話に発展する。このときも、ご縁とパッションでさらに大きな挑戦につながっていった。

私が試作品を一つつくってフランスに持参。バカラの工場で職人さんや担当の方々と打ち合わせをしたのだが、すでにＬＥＤを取り入れたシャンデリアを展開していたバカラは、二〇一一年のミラノサローネを見据え、新たなＬＥＤ照明の開発に取り組んでいる最中だった。

私は、日本の和紙は赤いあたたかな光でないと質感が美しく見えないし、和紙の魅力も生きないとの考え方をもっていた。ＬＥＤの白い光だと最善のものができないと思ってい

「ミラノサローネ2011ユーロルーチェ〝Baccarat Highlights〟」で発表された〝Sora　旋律　ランタン〟。
バカラとのコラボレーションで生まれた。

たので、バカラの方針はどうであれ、私の和紙とのプロジェクトでは、和紙の素材が美しく見える赤い光じゃないと困ると言い張った。「もう歩み寄れないですね」というところまで、意見は一致しなかった。

途中でやめようと思ったらやめられたのかもしれないが、フランスの伝統産業と日本の伝統産業がせっかく融合しようとしているのだ。しかも、素材的に見ても透明感があるものとないもの、火から生まれる芸術と水から生まれる芸術、あらゆる意味で対比的な素材の二つが融合しようとしている。ここで本当に「ハイ、わかりました。じゃあ、やめましょう」と言っていいのかどうかと考えながら打ち合わせを続けた。そして私は、自分が反省すべき点に気がついた。

ああ、そうか、私は固定観念も既成概念もなくこの世界に入って、当初、無知であることだけが財産だったはずだ。できることを何にも知らなかったけれど、できないことも知らないから、やってみたらできたということばかりではないか。固定観念がなかったからこそ、多くのことにチャレンジしてきた。でも、いま私は「和紙は赤いあたたかな光でなくてはならない」と主張している。それは、二十年以上和紙に取り組んできた私の固定観念以外の何物でもないだろう。

フランスの担当者たちは、和紙とクリスタルが融合したシャンデリアの試作品に白い光を入れて「きれいじゃないか。何が悪いんだ、ホリキ」と言っている。実際に作品を見て、みんなが赤より白がいいと言っているのに、私一人が「いや、赤の光じゃなきゃ」と主張するのは、ひょっとして大変な間違いをしているのかもしれない。

私は、これを一つのチャレンジにしようと決心した。和紙から「赤いあたたかな光」という概念を取り除き、白い光で世界にどれだけ通用するのかを確かめてみようと思ったのだ。

結果は大成功だった。ひょっとして、私がこだわっていた赤いあたたかな光のままだったら、西洋の人から見たら暗くて、モダンさがないと感じられてしまっていたかもしれない。白い光にしたから最高の結果が得られたのだ。

常に原点に戻る。文化が違ったり、様式が違っていたり、視点が違う人たちとのコラボレーションで大事なのは、考え方の違いを頭から否定せずに前に進む道を考えること。そうすれば必ず、新しい技術や可能性が生まれてくるとあらためて確信した。

コラボレーションのルール

バカラの完成度の高いクリスタルの美しさと、和紙を組み合わせたときの光のバランス。

そこには、対極の素材が混在する面白さ、素材が融合する面白さがある。品格や品性も感じられ、素材感の違いや、透明感があるものと不透明なものが結び付く魅力は、何よりも不思議な感覚を呼び起こす。

作品を見た人の反応は、「これは何？」から始まる。布でもないし、継ぎ目がどこにもない。「紙です」と言うと、「エエッ」と驚く。サプライズなのだ。造形がどうとかデザインがどうかという前に、素材としてのコラボレーションに意味がある。お互いの技術力、お互いの国の伝統産業がこうして融合し、影響し影響されることが次の伝統産業につながっていく感覚はすごい。

「シルクロード」をテーマに活動されている世界的なチェリスト、ヨーヨー・マさんは、ジャンルを超えたアーティストとのコラボレーションで、人間の五感にしみわたる感動を生み出している。そして、シルクロード沿いの地域の伝統的な文化や芸術の研究を推進させるプロジェクトの一環として、「シルクロード・アンサンブル」という楽団を創設し、それぞれの地域に古くから伝わる民族音楽を発掘し、現代の楽器や奏法との融合を図っている。ヨーヨー・マさんと話をしていたとき、クリエイターの役割は、時代と時代、人と人、場所と場所をつなぐことであって、自分も人に影響し影響されて育つことが大事だと語っていた。

影響されて、刺激し合いながら新たな文化を生み出していくというクリエイターの役割を考える機会を、ヨーヨー・マさんは与えてくれた。

コラボレーションは不思議だ。どちらかがどちらかに寄りかかっていたのでは、よいコラボレーションとは言えない。有名なブランドだから、有名な人だから、何か得をしそうだからということで取り組んでも決してよい結果は出ないのだ。

私は、コラボレーションをするときには、和紙をつくることに関しては遠慮したり揺るいだりしたことはない。たとえ目上の方でも、どんなに経験豊かな人に対しても決しておもねることなく、和紙に関しては対等の立場でやりとりをしてきた。それが結果を出すことができた一つの要因なのだろうと思っている。お互いに自立していることが、異業種とのコラボレーションを成功させる最低限のルールなのだ。

ヨーヨー・マさんとのコラボレーションでは、新たな美への挑戦をすることが、時に非常な困難を伴うものである場合も、信念を貫くことによって初めて新しい美しさに到達できることを痛感した。私は、日本の伝統文化である和紙の魅力や新たな可能性を世界に広めていきたいという思いを、彼によってより強く、より深くした。

こうして過去を振り返ると、ことあるごとにいろいろな発想や技術を見つけてきたが、私には何の戦略もない。

要望に対して発想をするのだが、新しい手法を見つけたときには、単純に嬉しい。自分で考え出したにもかかわらず、感動してしまう。自分で自分の発想に驚き、小躍りしてしまうことは滑稽で笑える。しかし、そうした自分自身への驚きも、私を支えるパッションなのである。

第四章　革新が伝統に命を吹き込む

膨大な「革新」の集積が「伝統」となる

私がまだ京都に工房をもっていなかったころ、新しい技法を試すことができる場所を探していた。福井の工房の近くに、職人さんたちが原料を積んでいる倉庫があったので、「ここで私たちに紙を漉《す》かせてください」と頼み込んで、原料を両脇に寄せて中央の空間を空けてもらい、大きな和紙をつくる手法の試みを始めた。

職人さんたちの中には、私のことを無視する人もいたけれど、私たちが何をしているのかは気になるようで、時々のぞきに来る人もいた。

ある日、職人さんに言われた。

「堀木さん、そんなもん和紙と言わんといて」

「伝統って言わんといて」

「僕らがやっている手法と全然違うし、一緒にせんといて」

そう言われて、私は愕然《がくぜん》とした。自分は和紙の新しい世界を切り開こう、活性化しようと思っているのに、実際には伝統を壊しているのではないかと不安になった。私のパッションは、再び萎《な》えて折れてしまった。

パッションが萎えたときには、いつものように原点に戻るしかない。わからなくなったら、とにかく原点に戻る。職人さんに「伝統じゃない」と言われたけれど、では、伝統とは一体何なのだろう？

いま和紙は日本の「伝統」と呼ばれているけれど、中国から紙漉きの技術が伝えられ、千数百年の時を経て各地でさまざまな和紙が生み出されたときは、「革新」だったはずだ。文字が書けて、ものを包むことができる和紙を漉くことは、いままでにない新しいことだったに違いない。「革新」のものが千五百年の間、愛されて、親しまれ、いま「伝統」と呼ばれているのだ。そう考えると、「革新」と「伝統」とは、対極にある言葉ではない。「革新」が育った姿が「伝統」なのだということではないか。

職人さんたちが和紙と呼んでくれるかどうか、伝統と認めてくれるかどうかが問題なのではない。いまの私たちの手法が「革新」で、五百年後、千年後にも人に愛され、役に立っているならば、それは「伝統」になっているはずだ。昔、「革新」だったことを「伝統」に育ててきた職人さんたちの技術を、さらに未来につなぐことも大事だ。そして、いま「革新」を見つけて、将来の伝統産業に育てていくことも大事な使命の一つだと考えた。

「伝統」と「革新」の固定観念は、どんな世界にも存在する。日本画家の千住博さんがヴェネツィア・ビエンナーレで受賞されたとき、その画紙を越前の職人さんたちとともに私が漉かせていただいた。千住さんの作品は、静寂と躍動が感じられ、滝の水が落ちる音が聞こえてきそうな素晴らしい出来栄えのものだったが、後になって千住さんから、「私の制作手法が昔からの日本画の手法とは違うために、そんなものは日本画ではないと批判されることもありました」と聞いたことがある。

私自身も、伝統美の探求には革新的な挑戦がいかに大切なことかを実感している。固定観念にとらわれない新しい技術や表現方法を常に模索し、不可能に挑んでこそ、伝統は未来へとつながるのだ。

伝統産業を革新へと捉え直すには

二〇一〇年から、私は経済産業省のクール・ジャパン官民有識者会議の民間委員を務めている。クール・ジャパンとは、海外で評価を受けている日本独自の現象や文化のこと。会議では、クールジャパンをビジネスにつなげる視点で、アニメやファッションをはじめ、食文化や伝統工芸などの日本文化の具体的な海外展開を検討している。

そこではカテゴリー別に資料がまとめられ、各界から集められた委員たちによって協議が行われる。私が気になったのは、伝統産業が、独立した一つの分野として捉えられていたことだ。その上、伝統産業の市場想定規模は、クール・ジャパンという枠組みの中でゴマ粒ほどに小さい。本来は、このゴマ粒が、ほかのすべてのカテゴリーと関わっていかなければいけない大事な粒だと思ったので、「伝統産業は、単独のカテゴリーでは話になりません。すべてに関わらせて意見を交わさせてください」と提案した。

もともと伝統産業とは、長い歴史を経て地域に根づいて受け継がれてきた日本の文化であり、日本人の精神性の現れだ。伝統産業が単独で語られるのではなく、ファッションや食文化などいろいろなジャンルと関わり合い、つながっていくことが大切だ。そういう視点で、伝統産業や、ものの背景にある日本の美学を世界に発信していかなくてはいけない。

伝統産業の影が薄くなっていく中で、今後、機械漉きの和紙も衰退していく可能性がある。印刷技術などの発達を考えると、中途半端なものはなくなっていくだろう。しかし一方で、手漉き和紙は、長く使えば使うほど質感が増すことや、長年使っても強度が衰えないというよさを追求していけば、より発展していくことは可能だ。手漉き和紙のビジネスを、今後どのように展開していくつもりかとよく聞かれるが、私自身はあまり大げさには考えていない。要望に沿って目の前の課題を解決し挑戦を続けていけば、必ずよい結果が出ると信じている。

この先、伝統産業が飛躍的に伸びることはないかもしれない。しかし、日本のものづくりの精神性や美意識などは、継承していかなくてはならない。継承するだけでなく、世の中の役に立つものと結びつけた製品や場を開発し、制作していかなくてはならないのだ。いまの時代に役に立たないものは、結局未来では存在しなくなってしまうのだから。

役に立つとは、周囲の環境や状況が変わっても、機能や用途に応じて適応していくということだ。コンピュータが発達してペーパーレスになったときに、書くことだけに目的を絞っている和紙は必要がなくなる。では、役に立つジャンルはどこなのかと考えを巡らせ、切り替えていかなくてはいけない。

同じような伝統工芸である漆や竹などでも、革新を起こして頑張っている人は大勢いる。でも私は、ほかの伝統工芸に携わる人との意見交換の場には、あまり出席していない。お互いの現状や今後の仕事の姿について交流の機会をもつことは悪いことではないが、意見交換は意見交換でしかない。結局自分で考えるしかないのだ。

例えば後継者がいないという問題提起がなされたとする。問題提起は誰にでもできる。必要なのは、解決するためにどうするかということなのだ。そして解決できるのは自分しかいない。人がやってくれるわけではないということを肝に銘じておかなくてはならない。

根本から発想を転換する

和紙は伝統産業だが、紙を漉く方法は必ずしも古い技術に固執しなくてもいいと思うし、新しい手法を用いて、時代とともに変化していってもいいと思っている。

そもそも大昔は、どうやってものをつくっていたのだろうか。

例えば狩りに行くときに危険な獲物には近寄れないから、遠くから飛ばして仕留めるために鏃《やじり》を矢の先につけた。近くの魚を捕るときは、突きやすいような鏃をつくった。知恵を絞って石を削ったり、鉄をたたいて道具をつくっていたはずだ。

いま、私たちが何か新しいものをつくりたいと思ったら、まずホームセンターに道具を買いに行くだろう。そして学校で教えてもらう方法、本で読んだ方法、インターネットで調べた方法などで目指すものをつくる。考えてみれば、買ってきた道具を使って、人から教えてもらった方法でものをつくる限り、どこかで誰かがつくった結果と同じになる。

私はいままでにない和紙を生み出そうとしているのだから、職人さんがいままで使ってきた道具を一切借りないでつくってみようと思い立った。道具から自分たちでつくらなければ、新しいものは生まれないはずだ。そこでまず、ブロックを積んで、その上に木を組み、普通の簾《すだれ》を重ねた。本来、和紙を漉くには紗《しゃ》と呼ばれる黒い布が必要なのだが、私は、水抜けのよい粗い布目のオーガンジーの布を買ってきて漉いてみた。

インテリアや建築に使えるような大きな和紙をつくろうと考えていたが、方法が見つからない。職人さんたちが行ってきた従来の技法では漉けないことはわかっていた。紙漉きに使う道具も大きいものが必要だろうし、道具があったとしてもどうやって紙を漉いたらいいのか、どこから人を集めればよいのかがわからない。予算的にもハードルは高い。そこで私はまた原点に戻る。そもそも和紙とは何かと考えた。

日本の紙漉きの特徴は、職人さんが道具を手に持って揺らすところにある。揺らしているうちに水の中で繊維が絡まる。長い繊維どうしが絡まるから強い紙になる。ところが、私たちが考えた大きな道具は重くて、とても持ち上げて揺らすことができない。それなら、道具を動かさなくても、繊維が含まれている水を動かせば、同じように繊維が絡まるのではないか。この発想の転換によって、水を動かして巨大な和紙をつくる方法を編み出した。

伝統的な技を引き継ぐ職人さんが減り、閉鎖される工房が増えている。ひょっとしたら百年後には、和紙を漉くには全く新しい手法しか残っていないかもしれない。それなら、革新的な手法への取り組みは価値があることと言えるのではないか。

私の和紙づくりの手法は難しくないから、今日、仕事を始めたアルバイトの人でも、一緒に漉くことができる。ただし、根気と精神力と集中力、体力が必要だ。和紙をつくり続けることは相当大変だが、つくり方の原理は難しくないから、つくり手を広げることができる。つまり、和紙づくりを活性化できるということだ。

職人さんが和紙の乾燥のために使う大きな板は、いまでは手に入れるのが難しくなってきた。職人さんが使っている紙漉きの道具をつくる職人さんも少なくなったし、すでになくなってしまった紙漉きの道具もある。伝統的な技を支える人も、道具も減っていく状態だ。

私たちが始める新しい技術は、現在手に入る素材や道具を使ったわかりやすいものでなくてはならない。あまりにもやさしい手法だったら真似されてしまうのではないかと懸念する人もいるだろうが、そんな心配ばかりしていたら、先には進めない。真似されないクオリティを付加すればいいのだ。伝統的なつくり方ではないから質が悪いとか、現代の道具を使っているから価値がないとは言えないだろう。簡単な技術に、自分たちの新しいアイデアや真似されないクオリティを付加して和紙づくりの技術を高めていく。

自分たちで道具からつくることによって、誰も考えていなかった発想が生まれてくるし、誰もつくり出せなかった結果が生じる。例えば、ふだん私たちが台所で使う道具や、洗面所やバスルームを掃除するときの道具も、新しい和紙づくりの技術開発のための大事な道具となり得るのだ。

相互の自立から生まれる新たな挑戦

私は、伝統の継承と革新、どちらも欠けてはいけないと思っている。だから、毎日少しずつチャレンジを繰り返している。また、伝統産業を復興するのにも、ただ昔のものをそのまま甦《よみがえ》らせればいいという考え方はとらない。いまできる技術や方法で、紙漉きの記憶のある土地、歴史のある場所で、再び現代の紙漉きの息を吹き返させるということに意味があると思っている。

新しい視点で、それぞれの土地で復興させるという試みは、石川県の山中塗りや旭川の木工、新潟県燕三条の金属製品をはじめ、全国各地で数多くのプロジェクトとして進められている。デザイナーの喜多俊之さん、川上元美さん、川崎和男さんはその先駆的な役割を果たしていらっしゃるし、高知のデザイナー梅原真さんも日本全国に種をまいておられる。

私も、地方における地場産業の復興事業のサポートを頼まれることがある。ほとんどの人が伝統的な漉き方を知らないから、私が出向いて紙漉きをお手伝いするのだが、実際に「紙が漉けるな」と感じた段階になったところで、私は、できる限り実際の仕事に結び付けたいと考える。しかし残念なことに、仕事として和紙の注文を持っていっても、決してできない量ではないのに、「そんなに大量にはできない」と彼らはまず尻込みをする。「この量だったらどれくらいの納期でできるのか」と聞いても、答えは出てこない。それなら少ない分量であればいいだろうと、仕事を少しだけ取ってきて渡すと、今度は「そんな少量ではできない」と言う。大量だからできない、少量だからできない、納期が短いからできないと言う。じゃあ何ができるのかと聞いても、答えはない。

手ごろな量で十分な納期で、ちょうどいい利益の仕事なんて、何年かに一度くらいしかお目にかかれない。暇になったときに都合よく仕事がきて、ハードワークにならない範囲で仕事をこなしたころに、また次の仕事がきて、というようなことは、普通はありえない。だからみんな、努力をするのだ。納期までの期間が短い中でどうするかという工夫をし、大量のものをどうやって効率を上げて漉いていくかという知恵を働かせている。そうした知恵や工夫を出さずに、挑戦しないケースがとても多いように思う。

自治体が地場産業に力を入れるのは、年初の予算を取るためなのか、予算がつけばこんな活動をしていますとアピールするためなのかと疑心暗鬼になる。伝統保存や復興という言葉が宣伝材料に使われているケースも多いのではないか。私はいつもそこで、戸惑ってしまうのだ。民間企業が同じことをしていたら、すぐにつぶれてしまうだろう。目的意識や危機意識が全く違うのだ。

各地で和紙漉きを担う人は、農業組合の人や新たに募集した若い人だったり、高齢のボランティアの方たちだ。地場産業として立ち上げることによって、雇用が促進されればいいのだろうが、実際の仕事につなげることができなければ長続きはしない。

私が公共の仕事を依頼されるようになったのは、十年くらい前からだ。面白い仕事だと思うから、相談を受けるたびに「じゃあこんなことをやりましょう」と提案するが、「堀木さん、そんなことをしようと思ったら十年かかるよ」と、まず否定される。私は「それなら十年かけてやりましょうよ」と言い返すが、担当者は、簡単に早く結果を出そうと思っているからか、合意を取りつけるまでには紆余《うよ》曲折がある。

ものづくりは、百年、千年と続いて初めて「伝統」と言われるようになる。だから伝統産業として立ち上げ、復興するのに十年かかるのは当たり前だと説得して取りかかる。だが、始めてみると、実際に十年かかったためしはない。たいていは一、二年で、長くても三年で、地域に定着することができるようになるのだ。もし三年経ってもいっこうに進まないのなら、即座に方向を変えたほうがいいとアドバイスをする。「石の上にも三年」と言うように、何を行うのにも三年は一つのメドだと思う。

事実、三年くらいで結果を出さないと、ビジネスとしては成り立たない。公共事業は往々にして民間のような危機感をもっていないということが歯がゆいところだし、私がいつも振り回されてしまうところだ。

地場産業の立ち上げは難しい。復興させたい、開発したいと私がいくら知恵をふり絞っても、肝心のその土地の人たちの多くは他力本願なのだ。いま、自分たちが行動を起こさなくてはいけないのに、誰かが何とかしてくれると思っている。コラボレーションは、お互いに自立していなければ進展しない。どちらかがどちらかに寄りかかっていたり、「この人に頼めば何とかなるだろう」と言っている間は成立しないのだ。

和紙産業を継承していくために

サントリーウイスキーの「響」の和紙を使ったラベルの仕事は、一九八九年からいままでも引き続いて依頼をいただいている。

ラベルを制作している工房の二人の息子さんが高校を卒業して旅行で海外に行ったと

き、空港で売られている「響」のラベルを初めて見て「これは、おやじがつくっているものだ」と知り、誇りと感動を覚えたという話を聞いた。そして、父親が地道に手がけてきた手漉き和紙が世界に広がっていることを理解して、「自分もやってみよう」と、工房の仕事を手伝い始めたという。時を経て、いま彼らは立派な職人さんになっている。あのとき海外で、父親の漉いた和紙の素晴らしさに出合わなかったら、いまごろは別の仕事をしていたかもしれない。その工房は、版画用の和紙やカレンダー、レターセットなどの仕事もしながら、「響」のラベルを漉いてくれている。「響」の存在は和紙の継承に大きく貢献しているのだ。

私自身もこの仕事を受けたことで助けられたし、一つの紙漉き工房も救われたのだが、当時悩んだことがある。

大きな仕事が入ったとき、職人さんたちは、ほかの仕事を断ってその仕事をしなくてはならない。大きな受注は職人さんたちにとってありがたいことに違いないが、問題は仕事がずっと継続させられるかどうかだ。

幸いにも「響」は長年和紙を使い続けてくださり、私たちもマンネリにならないような改良や提案をし続けてきた。しかし、普通は、三年くらいしたら洋紙に変えようとか、コストダウンをして機械で漉いたものに変えようなどと、方針転換をされることが多い。そうなると、ほかの仕事を全部断ってその仕事だけをしていた工房は、瞬時にすべての仕事を失ってしまうことになる。クライアントがひとたび横を向いてしまったら、工房をつぶす可能性もあるということだ。大きな仕事の裏には、絶えずこうしたリスクが隠れている。だから、仕事が無くならないような努力を常にしていかないといけないし、絶えず新しいものを考えていかなくてはならない。万が一のときには、職人さんたちにほかのどういう仕事を渡せるか、私はいつも頭を巡らせている。

伝統的な和紙といえども、現代においての機能や用途を満たしていないと、いざというときに使えるものにならない。少量多品種という和紙の特異性を生かして、しっかりとした企画力で提案を続けていかないと、大変なことになる。けれども、それは私が勝手に思っているだけで、職人さんは「そこまで別に考えてもらわなくてもいい」と言うかもしれないけれど……。

私の立体和紙のつくり方は簡単だ。和紙の照明器具も小さいものだったら、未就学の子どもでもお母さんと一緒にワークショップでつくることができる。だからつくり手を広げられる。

新潟に、和紙の原料である楮《こうぞ》を栽培していて、大自然の中にダムを七つもっている小さな町がある。過疎の町だったが、「和紙の原料があって電力があるということは、つなげれば明かりになるね」という話がもち上がった。十八年ほど前のことだが、町おこしの事業として、立体和紙でつくる照明器具の開発をお手伝いすることになった。その地で立体和紙の照明器具をつくって全国に販売しようという企画が、何だか面白そうだというので、都会に出ていた若者もＵターンして帰ってきた。授産施設での職業訓練として、原料の準備をしてもらう試みも行った。一つ何か新しいことをしようとしたときに、つくり方が簡単だからこそできる社会貢献というものもあるし、いろいろな方向に可能性が広がっていくことを実感している。

　産地には必ず卸問屋が存在している。和紙の販売ルートは着物と同じで、古くから変わらない。いま私たちが仕事をするときも、産地問屋を通している。

　バブルの時代に和紙を使おうとしたデザイナーの中には、価格が高くなるし、面倒だからと言って産地問屋を通さず直接職人さんのところに行く人もいた。でも、私は最初から産地問屋を通した。お互いの役割分担をはっきりさせて、職人さんの手配やスケジュール管理、商品の発送などはすべて問屋に動いてもらっている。商習慣が変わって、直接販売でないと成り立たないケースもあるだろうが、産地問屋に職人さんとの間に入ってもらうことで、長い期間仕事をし続けることができているのだと実感している。古いルートや道筋も生かすようにして仕事をしていくのは、大事なことだ。

一方で、和紙の販売形態には問題点があると常々思っている。例えば見本帳だ。ほとんどの見本帳は、手漉きも機械漉きも外国産も、すべて一緒にして売られている。一般の人が見たら、どれがどれだか違いがよくわからない。越前和紙も、美濃和紙も一緒で、産地も混在しているのが現状だ。機械漉きは機械漉きのものとして、手漉きは手漉きのものとして、輸入ものは輸入ものとして、分けて内容を明示して売るべきだと思うのだ。以前、和紙業界にこのことを強くお願いしたこともあるが、残念ながら改善はされていない。

竹の製品も同じ状況だ。アジアから輸入したものと、日本の伝統的な手法でつくったものとが一緒に並んでいる。見る人が見ればわかるのかもしれないが、見分けにくく異なるものを何の説明もなく一緒に並べるという考え方は、間違っているのではないかと思う。

食品の原産地表示の問題が取りざたされているが、同じことではないだろうか。お客さまにわかるように、正確に明示して売らなくてはいけない。安いものはなぜ安いのか、高いものはなぜ高いのか。納得した上で買っていただくことはとても大事なことだ。

手漉きの和紙は高価で売れないから、機械漉きや海外の紙も加えて売っていかなくてはいけないというのが正直なところかもしれない。卸問屋の段階でも見直すべきだが、少なくとも消費者に向けては、小売の段階できちんと出自を分けて売ってほしいと思う。こうした隠れたところにも時代に合わせて改善すべき点はたくさんある。

日本の精神性や美意識を伝える

これからのものづくりは、背景に精神性や美意識を伴っていなければ、何をつくっても、アジア諸国に真似をされてしまうだろう。日本以上に、国が力を入れて後押しをしているところもあるのだから、技術はいくらでも向上するし独自の精巧な商品がどんどん生産される。では日本は何をもって差別化したらいいのかというと、アイデンティティ、つまり日本独自の精神性や美意識しかないように思う。

織物、漆、和紙などの伝統工芸品は、ただつくり続けていればいいというものではない。日本独自の、ものづくりにおける自然と人間との関わり方が生かされていかなければならないし、職人さんの精神性や日本の美意識を、次の世代につないでいかなくてはならないのではないか。

では、日本の美意識とは何か。食で言えば、「おもてなし」の心に代表されるのだろうが、とてもひと言では言い表せない。

例えば、日本には「包む文化」がある。長方形や正方形の四角い紙を山折りや谷折りにして、たいていのものを包んでしまう。包むことは、丁寧にという気持ちの表れだ。むき出しでものを渡すことははばかられるという日本人の心情がある。

特にお金を渡すときは、熨斗《のし》袋に入れ、さらに袱紗《ふくさ》に包んで持参する。これが日本流の礼儀だ。清浄なものが世俗の塵《ちり》でけがれないように、包むことで、中身が清らかなものであることを言外に伝えているのである。ちょっとした心付けでも、ぽち袋に入れて、懐紙《かいし》に包んで渡す。外国でチップを渡すときは紙に包んだりはしない。祝儀袋や熨斗紙のように、包んで浄化したものを人に差し上げるという文化が日本以外で見られるケースはまれだ。

ものを包んだ風呂敷は、丁寧に畳んで小さくして持ち帰る。風呂敷だけではない。屏《びょう》風《ぶ》、のれん、扇子など、日本には「畳む文化」もたくさんある。「畳む」ことは、大切に仕舞うということとともに、「積み重ね」「折り重ね」をも意味する。畳まれたものや思いが簡潔であればあるほど、その精神は変幻自在に広がりを見せるのだ。

私の和紙も、そのような日本の精神を映し出すものでありたいと思っている。

私は、「うつろう」という展開を図りながら、和紙でいろいろなことを試みてきた。和紙という「もの」から発想しているのではなく、「うつろう」という日本の情緒や情感を取り入れて、作品にしている。最初に和紙ありきではない。染物も漆も竹も、「うつろう」ことは伝統産業に共通のキーワードと言えるのではないだろうか。

しかし私は、初めからそう思ってやってきたわけではない。作品を制作する過程の中で、徐々に日本人の独自性を自覚してきたのだ。調べれば調べるほど、日本人の感性の豊かさに触れて感嘆したからだ。

複数の企業から、社屋のエントランスを和紙で演出をしてほしいという依頼を受けるのだが、イメージやコンセプトを尋ねても「特にない」と言われることがしばしばある。せっかく「堀木さんの作品をぜひ」と要望してくださるのだから、単にきれいなもの、格好がいいものを納めるだけでいいとは思っていない。だから作品に込める何らかのコンセプトを見つけようと、古い文様などの意味合いを調べたりする。

例えば、二個、もしくは二個以上の輪を交差させた「輪違《わちがい》」という文様がある。輪と輪があまり主張し合いすぎると、まるで、人と人、物と物が互いに支配しようとして譲らないのと同じように重なってしまう。ところが、互いのよいところを尊重しながら少しだけ重ねようとすると、輪の重なりは左右にも上下にも広がる形になり、「連綿として絶えない」という意味になる。永遠に繁栄することを祈念した柄だ。それが発展すると、「七宝《しっぽう》」という文様になる。

建築物や衣服には、「立涌《たてわく》」という文様も多く使われてきた。「この柄には宇宙からのよい兆しが湧き上がるという意味がありますから、よい兆しを集めて世界に優れた商品を発表していってください」と文様のもつ意味を説明した上で「立涌」をモチーフにすると、依頼主の作品への思い入れが違ってくる。単なる紙ではない世界観が生まれるわけだ。

長く伝統的な和紙にふれてきた私でも、「昔の人はすごい」「日本人は何て素晴らしいのか」などという発見がいまも毎日のようにある。ものが生まれていく経緯には、太古から変わらない流れがあるように思える。

私は、和紙を通じて、日本の精神性や美意識を広く世の中に伝えたいと思っている。日本の精神性や美意識こそ、日本の若者が深く学び、理解しなければならないことではないだろうか。現代も未来も、それを置き去りにして技術開発や商品開発、海外発信などはできないはずだ。

普段は意識していなくても、日本人は何かあるたびに神社仏閣にお参りをする。また日本人には、石にも木にも自然の中には何にでも神様がいるという、八百万《やおよろず》の神の考えが根づいている。私自身は無宗教であるが、伊勢神宮にも行くし、紙漉きの工房には神棚を祀《まつ》ってある。こうしたことは、日本人の心の底に流れている自然に対する畏敬《いけい》の念や祈りの気持ちの表れではないだろうか。

あらためていうまでもなく私は和紙をつくっているのだが、和紙に関わる仕事の広がりがいま、少しずつ見えてきている気がする。例えば、和紙を中心にした空間全体の設計を任されたり、一戸建て住宅の設計を依頼されたりすることが増えてきた。もちろん私の発想やデザインを絵コンテにしたものを、きちんと図面に置き換えてくれる建築家がいるから、仕事を引き受けることができるのだが。

和紙をつくる手法が布の開発に生かされたり、お菓子の開発に関わるなど、少しずつ仕事の幅が広がっている。私がこだわり続けている職人さんの精神性や日本の美意識は、あらゆるジャンルで活用できると思っているから、要望があれば、どんな分野の仕事でも挑戦するつもりでいる。和紙づくりを中心にして、伝統産業に携わり続けてきたからこそ、見えてくるものもあるし、形にするための手段なども応用できると思えるからだ。

もちろん建築やデザインに関していうと、私など足元にも及ばない一流の方たちがたくさんいる。その方々と肩を並べて、仕事をしていくのではなく、和紙という素材に向き合い、伝統産業を根底とした姿勢を貫くことが私らしさである。私が蓄積してきた考え方や視点を必要とされているところでは、いつでも喜んでお手伝いするし、挑戦もしたい。いままでも、これからも、前例がないことを切り開いていくのが私のライフワークだと考えている。

第五章　私の生き方の流儀

日々の思考があっていまの自分がある

五感を研ぎ澄ます

福井の工房では、作業中はいつも空気がピリピリしている。私の緊張感が伝わるからだろう。

紙を漉《す》く作業をしているときは、常に集中力を持続させていなければならない。ところが、例えば「寒い」と感じた瞬間に集中力は途切れてしまうし、空腹感も集中力の邪魔になる。

紙漉きの作業は、朝の八時から始めて十二時にはひと休み、一時間ほど休んだら午後はまた一時から五時まで漉き続ける。遅いときは八時ごろまで作業が続く。だいたい一日から二日で一つの工程を仕上げるが、三日続くとクタクタに疲れてしまう。

私の手は、いま漉いている和紙の作業をしているけれど、耳は、後ろで紙を漉いている職人さんが漉き終わるタイミングの音を聞いているし、目は、スタッフの動きを追う。だから、私の手と目と耳の感覚は全部バラバラに動いている。三つ先の手順を考えていないといまの指示はできないから、脳も別のことを考えている。紙を漉いているときには、五感はすべて別々に動いているから、ほかのことに頭を巡らせている余裕はない。

限られた時間の中で、何枚も仕上げなくてはならない。やり直しがきかない作業だから、もしどこかで誰かが一つ小さなミスをしてしまったら、一日の作業がすべて振り出しに戻ってしまう。「これで大丈夫か」「何か抜け落ちていないか」と私は常に気を回しているから、おのずと真剣でこわい表情になってしまう。

以前、見学に来られたクライアントの方も、緊張感を感じとって邪魔をして悪かったとそそくさと帰っていかれたものだ。最近は、ご挨拶をするくらいはできるようになったけれど、私自身に余裕がないのは事実だ。

さりげない日々の感覚を大切に

ちょっとしたことを見逃さない観察力や、頭で何かを考えながら手と目をバラバラに動かすワザは、実は銀行員時代から自然に身に付けてきた。

友だちとレストランでおしゃべりをしているとき、居心地が悪いと感じたら次は別の店にかえればいいのだから、普通はそこで思考が終わる。でも、私の場合は、会話をしながら頭のどこかで「なぜ居心地が悪いのか」を考える。壁の色が濃すぎるから重い印象になる、片隅に積んである荷物を奥に持っていって冷蔵庫を入れ替えればいいのになど。もし、私がこの店のオーナーだったらどうするか、あれこれ考えを巡らせてしまうのだ。

雰囲気がいいと思う店でも、この心地よさはなぜだろうかと考える。邪魔だと感じさせる余計なものがないからだとか、働いているマスターの姿が座席からきれいに見えるからなどと観察してしまう。

街で、すれ違った女性が着ているコートとブーツの組み合わせが合わないと思ったら、ではどんなものを合わせたらいいのかと勝手に想像する。誰かと会話をしているときも、道を歩いているときも、いつも「私だったら……」と考えていることが、知らず知らずに頭の訓練となって積み重ねられ、依頼されてからデザインを決定するまでのスピードを速くさせていったのだと思う。例えば、クライアントさんが図面をもとに「ここに和紙を使いたい」と要望すれば、即座に、私の頭の中にはデザインが出来上がる。私だったらどうするかを常に訓練してきているから、何があったら心地よいのか、オーナーさんの思いを形にしたらどうなるかと想像する。でもまだアイデアのレベルなので、私が絵に描いたものをスタッフがコンピュータに落とし込んだ上で、紙を漉く技術を考える。いままでの技術を使うだけでなく、新たにどういう方法ができるかということも含めて、客観的な目で違う要素を加えていく。

誰かが「これ、いいね」と言ったら、私はいつも「なぜいいと思うのですか？」と尋ねる。「これはいいものだ」と自慢する人がいたら、「なぜ？　ほかのものとどう違うのですか」と、問いかける。わからないことをすぐ質問するのは、恥ずかしいことではないと思っている。なぜ、なぜ、なぜ？　何が要因でそう感じるのかをいつも摸索している。

もしスタッフが失敗したら、なぜ失敗をしたのか、なぜ不安な顔をして私に話しているのか、とその原因を考える。「なぜ」を私なりに解き明かすことが経験となって、さらなるステップを踏めることになる。

会話からも刺激をつむぐ

いくら自分の悩みを訴えても、他人は解決してくれないけれど、話をするだけで考えがまとまっていくことはよくある。思い悩んでいることは、まず口に出して話すのが大事だと思う。

私は友人たちと飲んだり、食事をしながらおしゃべりをする時間をたくさんつくるようにしている。お互いにいろいろな相談事もするし、アドバイスや意見を交わす。でも実際は、相手の答えをあまり聞いていない。ただ相談事を口に出して話す時間が大事なのだ。相手の答えることに対して、「違う、それは違う」と反論をしながら自分で思考することで、解決策は自然と見つかる。

友人たちはいろいろなアドバイスをしてくれるけれど、私がすべてを受け入れるとは思っていない。お互いに、相手の言う通りにするとは決して考えていないのだ。違う意見や考え方に対して「それは違う」と感じることが大事だ。何が違うのか、どう言ってもらったら納得できるのか、どんなアドバイスがほしくていま話しているのかと、自分で考えながら耳を傾けていくうちに、自分でその答えを導き出せるようになる。

自分の頭の中だけで思い悩み、堂々巡りをしているだけでなく、具体的に口に出して話す。話せば反応が返ってくる。反応があれば、また考える。結論がイエスでもノーでも考える。思ったことのキャッチボールをすることによって、中身がどんどん具体的になっていくのだ。

私の友人たちは、自分の時間を自由にやりくりできる責任ある立場にいる人が多いので、それぞれ悩みも多い。みんな忙しいから、会うのはたいてい夜遅くになる。出張に出ても、日帰りで帰ってくると言ったら、「じゃあ十時ごろ、あのバーで会いましょう」という感じだ。

最近、京都北部の宮津という所に海辺のアトリエをもったので、週末には友人たちと一緒にそこに行くことが増えた。忙中閑あり、料理を作って食べながら会話を楽しむという気楽な付き合い方ができるような年齢になってきたようだ。

独りで考える時間をもつ

最近、若いスタッフと話をしていて、気づいたことがある。車に乗ったらラジオをつける。家に帰ったらテレビの電源を入れる。電車に乗れば携帯電話やスマートフォンを見る。人からの情報は全部受け入れるけれど、自分からは思考しないという人が非常に多くなった。自分を振り返ることもしないから反省もしないし、明日どうするかという計画も立てない。そういうことが、現代人の人間力を低下させている原因の一つになっている気がしてならないのだ。

携帯電話の普及も多くの問題を生んでいると思う。すぐに相手に返信を送らないとつながりが薄れてしまうのではないかと不安で、メールから目が離せなくなっている人もいる。携帯電話がない時代の待ち合わせは、約束をした時間にその場所に行くのが当たり前だった。でもいまは、ちょっと遅れそうだったら携帯電話で「何時になる」と言えばすむ。約束したことは守るという基本的な意識も薄れてしまったし、すべての関係が希薄になっている。

では、どうすればいいのか。

いいひらめきや段取りが、必要なときに頭の中に思い浮かぶように、日ごろから頭の訓練をするといい。私は、一日三十分、自分だけの時間をつくることを勧める。今日起こったことを振り返り、明日すべきことを確認する。人との関係や自分自身の役割を考える時間をもつのだ。脳は使わないと退化する。まずは自分の頭で考えることが大切だ。

ただし、いいアイデアのヒントが浮かんだとき、「あとで使おう」「あとでもうちょっと考えてみよう」と思っても、結局使えなくなるし、そのときに思いついたこと以上のいい考えが生まれてくることは少ない。こういうことは何度も経験した。だから私は、思いついたらすぐにとことん考えを進めて、行動に移すことにしている。アイデアは生もので、すぐに腐ってしまうというのが、私の持論だ。

女性として、一人の人間として

いまは女性が男性と同じ職場で、肩を並べて仕事をするのは珍しくない。女性が男性社会の中で仕事を続けていくには、何らかのルールが必要だと思っている。

私の仕事は、大小さまざまな作品を搬入する現場にもどんどん入っていかなくてはならない。体を動かす作業をするから、服装にも気を使う。襟元から胸が見えそうになったり、腰を曲げたときに下着が見えるような服装は、男性の中で行う作業にはふさわしくない。いや、女性だけの場であってもいいわけはない。そういう服装で作業をすること自体、職業人としての礼儀をわきまえていないことになる。男性とか女性を誇示するような格好で仕事場に入るのは失礼に当たる。身だしなみに配慮するのは最低限のルールだと思う。

私は、独立後は特に意識して、〝場〟にふさわしくない振る舞いを一切排除していった。花柄やフリル、レースのついたものは着ない。スカートもはかない。黒いシャツ、黒いジャケット、黒いズボンという格好で通してきた。

以前は、大きな仕事の依頼が入れば「あいつは女だから仕事が取れた」と陰口をたたかれた。仕事に失敗すれば、「やっぱりあいつは女だから」と言われた。あることないことのすべては「女だから」が理由になった。当時は私も若かったし、背も高く、派手さもあったので、よけいに目立っていたのだろう。クライアントの担当者と二人で歩いているだけで、「二人は親しい」と噂《うわさ》される。

でも、そんなことにいちいち目くじらを立てていても仕方がない。いい仕事をし続けていたら、どこかできっと誰かがわかってくれるだろうと信じていた。実績を積み上げてこられたからか、年齢のせいか、最近は、誰と並んで歩いても噂にならない。それはそれで寂しいものだが……。

そんな悔しい思いをしてきたから、黒っぽい色の服装ばかりを選び、襟を立てて次第に男っぽい格好になっていった。現場での言い回しも男勝りな口調になっていった。「堀木さんは宝塚のようだ」「男前」と言われるようになってしまったのだ。なめられないように、強く見せるために、正面から真っ直ぐに人を見て話すようになったのもそのころからだ。皆は「堀木は目力がある」と勘違いする。

銀行員のときはいまとは全く逆で、かなり女性らしさを前面に出していたかもしれない。流行りのミニスカートをはいて足を見せたり、ウエスタンブーツを履いたり、とにかく目立つ格好が好きだった。商品開発の会社に転職しても、まだ派手だった。よく、黄色い光沢のあるスーツを着ていたので、私を昔から応援してくれている鹿目さんは「君は金のスーツを着てたよね」といまだに笑う。

ＳＨＩＭＵＳを立ち上げたころから、自分なりの容姿の尺度ができてきて、着飾ることは決していいことではない、よけいなものをそぎ落としていくことのほうがきれいだとわかってきた。そして、紙漉きの仕事を続けていくのに、女性として見られることは決して本意ではないと気がついて、どんどん鎧《よろい》で身を固めていった。

「宝塚のような」は私の代名詞となり、「宝塚のような」私と会うことを楽しみにしている人を裏切れないから、いつも黒い色のパンツスーツを着て出かけることになる。

ところが最近は、黒い服はほとんど買わなくなった。人間は、年齢とともに変わっていく。五十歳を迎えて、ようやく黒い鎧を着ていなくても私自身が安心できる年齢になったのかもしれない。女らしい格好をしても、若いころのような特別な目で見られることもなくなった。残念ながら、立場的にも、経験的にも、そういう目で見られてしまう一線を越えたのではないかと思う。

対処次第でチャンスは生まれる

私はできる前提でしか、ものを考えない。

「堀木さんだからできること。私には無理だわ」と、私を特別視して尻込みする人がいる。しかし、決して難しいことではない。

例えば、「明日の二時にショールームに伺いたい」と、お客さんからの電話を受けたとする。しかし、先約が入っていたら「大変申し訳ありません、またのお電話をお待ちしております」と電話を切る人が多い。

「明日の二時は来客が入っておりますが、朝の十時はいかがですか。あるいは四時ごろでは。少し時間をずらしていただければご覧いただけます」と答えるのが正しい。それが、できる前提での対応だ。お客さんは二時のつもりでいても「四時なら行ける。予定を入れ替えて四時に行きます」となるかもしれない。すると、次の仕事や出会いにつながっていくのだ。

できる前提で進めていけば道は開ける。何も革新的な技法を見つけるとか、難しいことに挑むということではない。できる前提で思考を広げていく方法は、さまざまな場面に応用できる。ほかの人の失敗を見て、自分ならどう対処できたのかと置き換えて考えてみたら、何かしてあげられたかもしれないと気づくだろう。そのように気づくことができれば、よい先輩になれる。家に帰るとすぐテレビをつけて、電車に乗ればたちまち寝てしまっていたら、いつ自分のことを考えるのか。いつ自分のことを振り返るのだろうか。これではチャンスはつかめない。

あるとき、私たちの作品の搬入現場に新人を連れていったら、新人スタッフは「怖くて足場に登れません」と尻込みをする。「先生は、初めから怖くなかったのですか？」と聞かれてハッとした。そういえば、私には怖いと思って震えている余裕すらなかった。ただ必死に、和紙の作品を据え付けることしか考えていなかったから、足場が高いとか、怖いなどという感情は生まれてこなかったのだ。リスクを背負ったチャレンジでも、できなかったらどうしようかとは考えない。できるという結果しか頭にはないから、目の前にある、私がしなくてはならないと思うことをやり続けるのだ。

次の世代に伝えたい「利他の精神」

意思伝達としての「返事」

幼稚園では、名前を呼ばれたら「はい！」と大きな声で返事をしましょうと教えられる。「はい」という返事は大人になってからも大切だ。現場で何かを「取って」と言われて、体だけは動いたとしても、返事がなければ取るために動いたのか、たまたま動いたのかがわからない。だからまず「はい」と返事をすることが大事なのだ。

施工現場で、足場の上にいる私が「そこに穴があるから危ないよ」と声をかけたとする。スタッフが四人いたら、四つの「はい」が返ってこないと、聞こえたのかどうかがわからない。スタッフの気配で動きはだいたいわかったとしても、いつも返事をしない人だから今日も返事がないのだと思っていたら、実際には聞こえていなかったということもある。万が一、聞こえていなければ、穴に落ちて大事故につながることもある。

急に何かを頼んだとき、忙しくて手が離せなかったとする。でも、「はい、わかりました。三分待ってください」と答えれば、相手は気持ちよく三分待つことができるだろう。ところが何も言わなければ、正しい状況が伝わらない。悪気はないのかもしれないが、言葉が足りない人が多い。朝は「おはようございます」、帰るときは「さようなら」「失礼します」という短いひと言が、周りの人と気持ちよく過ごすことができる簡単な手段だ。けれども、それすらできていない人が多い。

返事はしていても、声が小さければ聞こえないから、はっきりと声を出す訓練が必要だ。事実、運がよいといわれている人や成功する人はみんな声が大きい。

お客さんから「資料をメールで送ってください」と電話をもらい、「了解しました、早急に送ります」というやりとりは普通の応答だが、実はそれでは足りない。早急に送りますという「早急」が一時間後かもしれないし、当日中かもしれない。自分が「早急」は翌日だと考えていたとすると、お客さんから「まだですか？」と問い合わせを受けることになる。必ず、「サンプルはいつご入用ですか？」と尋ねなくてはならない。約束ごとは必ず日程を決める。そうすれば、相手は待たなくてすむ。「まだ？」ということになれば、クレームにつながる。細かいようだけれど、こうしたことを教えておかなければならないのだ。

他人の失敗は自分の失敗

何か自分にとってよくないことが起こると、必ず誰かのせいにする人がいる。自分の失敗を何かのせいにする。私の職場でも、結果を問うと、まず言い訳から始める人が多い。結論を先に言いなさいと私はいつも叱っている。正否を答えてから、あとでその説明や言い訳をしてほしいと思うのだが、必ず何かのせい、誰かのせいにして話が長くなる。

以前、呉服問屋の社長が「郵便ポストが赤いのも、電信柱が高いのも全部自分のせいだ」と言って笑っていた。その意味が最近になってわかってきた。スタッフの誰かが失敗したとき、自分はそばにいて何か気配を感じなかったのか、何か言ってあげられることはなかったのか、何か支援はできなかったのかと反省ができれば、自分自身の学習になるのだ。

私はスタッフが失敗したことに対してはあまり叱らない。失敗した報告がない、提出が遅れる、打診がない、いつになりますという事前の申請がないなど、基本的なことについて叱る。遅刻したことは怒らないけれど、三十分前に遅刻をしてしまうことがわかっていたのに、その時点で連絡をしないことを叱る。能力の問題というよりも、人間性の問題だ。

私は特別に、スタッフをこういうふうに育てたいと思う方針をもっているわけではない。育てている時間を十分に取れないから、私の背中を見てついてきてもらうしかないと思っている。でも、実際には言わなくてはわからないことも多いので、毎日こと細かく指示をする。スタッフからのメールにもきちんと返信しているし、文章を添削したりもする。

任せられる技術力の獲得も大切だが、何か起こったときに機転が利くかどうかも大切な要素になる。私たちの仕事は自然と向き合うものづくりだから、毎日、毎回その場の状況が違う。何か不都合があったときの対処の仕方はその都度異なるため、瞬時の判断はなかなか難しい。

例えば、和紙を乾燥させている途中で、異常が見つかることがある。スタッフに紙を漉いているときに何かあったのかと聞いても、誰も答えられない。それは手を動かしてはいるけれど、周りの状況、変化に無意識・無関心になってしまっているからだ。常に一つ一つの現象を気に留めて、神経を張り巡らせていれば、微妙な変化にも気づけるようになり、失敗の回数は減っていくのだ。

厳しさは先を読む危機管理から生まれる

「堀木学校」は、修行の場だと、周りの人はみんな言う。とても厳しい。

私のスタッフは、毎日私に叱られている。謝り方がおかしいとか、頭を下げていなかった程度のことで、誰だって注意をしたくない。でも言い続けていれば、必ず気づいてくれると信じている。その人が恥をかくだけだから、放っておけばいいという考え方もあるが、私は一つの作品はチームでつくるものだと思うから、気持ちを一つにする意味でも言いたくないことを言い続けるようにしている。

ほめて育てるというやり方は、どうしても私には馴染《なじ》まない。昔、口下手な父が私をほめてくれたとき、子ども心にも嬉しかったのは確かだ。食事をしながら、私が少しだけほめると涙するスタッフもいる。普段はあまりほめない人が、本音で人前でほめてくれると嬉しいのだと思う。

私がスタッフに厳しく叱る理由は、自分でわかっている。ちょっとした間違いだったら、いまの段階ではきつく叱るほどのことではないかもしれない。ただ、小さな間違いを繰り返していると、次に大事故につながる恐れがあると思うから叱るのだ。叱られた本人は、なぜここまで強く言われるのかが理解できないこともある。しかし、ミスが起こった瞬間、私の頭は、それに誘発されて収拾が困難になる事態を思い描いてしまう。よくも悪くも先のことを心配してしまうのは、最悪の事態を防ぐ危機管理が私の役目だと思っているからだ。

例えば、ホテルに大きな和紙作品を設置したとする。ホテルには定休日がないから、経年変化が起こっても修理する時間は与えられない。だから十年、二十年の間、最初に納めたときと同じくらいきれいな状態を保っておかなくてはならない。年月が経ったことで、シミが浮かび上がってきてしまうようなことは、あってはならないのだ。将来的に起こるかもしれないすべてのことへの気働きをさせなくてはならない。こういう吊り方をしたら和紙はたわんでしまうとか、収縮で動くはずだから引っ張っておくなど、あらゆることを考えておかなくてはいけない。小さなミスも、私の頭の中では大きなトラブルに直結してしまうのだ。

職人さんの工房で紙を漉いていて、失敗をしてしまったスタッフに怒鳴ってしまうのも、ここでもたもたしていると納期遅れになることが想定されるようなときだ。「もっと緊張感をもってやらんかい！」という口調にもなる。そのときの場面だけをテレビなどで見ていた人は、私のことを、何て怖い人だろうと思うに違いない。私自身でさえ、何ていじわる婆さんなのだろうかとあきれてしまう。辞めたスタッフから「あのときは辛かったけれど、いまはよくわかる」と感謝されることがある。私の本当の気持ちは、離れて初めてわかってもらえるのかもしれない。

未来の自分を思い描くこと

最近の新入社員を見ていると、二十代前半はまだまだ大人になり切っていない子どもだと思うことがしばしばある。

大人とは、一体何なのだろう。私が、高校を卒業して銀行に就職した理由は、大人としての立ち居振る舞いや、常識を教えてくれるからということだったが、その当時から、大人って何だろうと考えていた。成人式を迎える二十歳は、肉体が成熟しただけなのだろうか。いまの二十歳は「大人」とは言えない。

「四十にして惑わず」

真の大人になれるのは、四十代からだろうか。二十代、三十代は、自分の生き甲斐《がい》を求めて突っ走っていればいいと思う。自分の幸せ、結婚している人なら家族の幸せ、子どものためにと考えるなど、一生懸命頑張ればいい時期のように思う。ところが、四十歳になってもまだ、自分の幸せや生き甲斐を見つけたいなどと堂々と口に出して言うのは、やはり違うのではないか。

私がこの仕事を始めたきっかけは、「職人さんの尊い営みを未来につなげたい」ということだった。職人さんのため、伝統産業のためではあるけれど、実は、それは自分の生き甲斐や幸せのためでもあったと思うのだ。でも大病をしてから考え方が変わった。四十歳を迎えたら、そこから先はいままでの自分の生き甲斐や幸せで突っ走ってきたことの経験を社会に返していくべきではないか。社会の役に立つためにどうしたらいいかを考えることができて初めて「大人」だと言えるのではないのかと感じるようになった。

大人の生き方というのは、自分を中心にして考えるのではない。社会から見た自分の立場を認識し、その役割に対してどう応えるべきなのかという使命感でものを考えられることではないか。社会と照らし合わせる視点をもつことで、初めて「大人」と言えるのではないかと思う。私も、その立ち位置でものを考えるように努めている。

大人になると、仕事や生活が充実してくる。けれども、自分自身と戦わずして日々を過ごしていると、充実は手に入らない。

よく、あの人は運がいいと、みんなからうらやましがられている人がいる。そんな人たちには、一様にパッションがある。運がいいと言われている人で、うつむいている人はいない。「棚からぼた餅」といっても、棚から落ちてくる餅は遠くにいたら受け取れない。落ちて来るときに棚の下まで行っていないと、受け取れないはずだ。少なくとも棚の下まで行く努力はしてきた人なのだ。

まず、二十代で、何がしかの方向性を定めることが大事だと思う。その上で、二十代、三十代は摸索していればいい。完結できなくても試行錯誤を重ねていけば、社会での自分の使命が見えてくる。漠然とでいいから、二十代からそういうことをイメージしながら過ごしていれば、その後の人生は変わるだろう。ちょうど仕事に慣れてきたころの三十五歳くらいが、転職をしたくなる時期らしい。いまのままでいいのか、自分にはもう少し何かやることがあるのではと悩む年齢なのだそうだ。職場を変わってうまくいく人もいるし、そのまま頑張って同じ仕事を続けることで伸びていく人もいるだろう。

現実の物事はすべて、まず、思い描くことから始まる。私が後輩たちに伝えたいことは、十年後の自分の立ち位置を「思い描く」ということだ。思い描かなければ現実にはならないし、思い描いたことを言葉にしないと協力者は現れない。人との会話の中で、いつも「自分はこんなことを考えている」と夢を語っていれば、ご縁が広がり、その夢をかなえることへの道ができていく。そして、思い描いた道は、途中で変わってしまってもかまわない。

こんな人間になりたいと思い、こんな服を着て、こんな仕事をして、こんな家に住んで、こんな人と結婚して、こんなふうに子育てをしてなどと具体的に思い描くことが、より現実に近くなる。「ああいう人になりたい」という、お手本になる人を見つけるのもいい。夢や目標がなければ、ただ時間が流れていくだけになってしまう。人生を成り行きで過ごしてしまうのは、もったいないことだ。

私自身は、たまたま夫に関するイメージと子どもに関するイメージを思い描くのを忘れていたから、いまもまだ独りだ。思い描かなければ現実にはならないという証明なのだろうか。

社会に向けて自らを変革する

天職とか生き甲斐というのは向こうからやってくるものではない。大事なことは、生涯をかけてこの仕事をすると決心をすることだ。自分の仕事が好きだ、仕事を続けていこうと暗示をかけてでも、続ける決心をする。苦しくても続ける。

入社して、一、二年で「この会社は私に合わないので、辞めます」と言う人がいる。それは違うのではないかと思う。

「あなたが会社に合わせるんです。会社があなたに合わせるわけではありません。合うとか合わないとか、そういう問題でもありません。あなたが会社にどのように貢献できるかということを考えるのが仕事です。」と、私は言いたい。

相手は変わってくれない。自分を変えていくしかないのだ。また、もしその会社に嫌だと思う部分があるとしたら、自分がどう変えていけるか、挑戦すべきなのではないか。「こうだから嫌だ」「ああだから合わない」と言っていても何も変わらない。誰かがやってくれる、いつかやってくれるという考え違いを直して、いまの自分が変わらなくてはいけないのだ。

私も、これまで思い通りにいかないことは山ほどあった。銀行員のときも上司に嫌われていると感じていたし、失敗も多かった。そのころの私は、仕事に対して無関心、無意識、無責任の三拍子がそろっていた。でも最後に銀行を辞めるころには私の意識も変わり、上司には認められるようになっていた。

悪い時期というのは誰にでもある。そこを我慢して継続して、頑張ろうとしていれば、最後には必ずよい結果に結び付くと私は信じている。初めの壁で辞めてしまったら、見えるものも見えてこない。自分が変わらない限り、周りも変わらないと考えたら、何度も仕事を変えなくてもいいはず。自分を変えられない時期の転職はしないほうがいい。

コンビニのレジを打っていても、「この子、感じがいいな」とどこかの企業からスカウトされることがあるかもしれない。もしフリーターだったとしても、どういう考え方で働くかが大切だと思う。ご縁はどこにでもある。大会社の重役も、コンビニに買い物に行くこともある。何か困ったことが起こったとき、てきぱきと適切な対応ができるレジ係だったら、「この子、ちょっといいんじゃないの」と、何かのプロジェクトに抜擢《ばってき》されないとも限らない。チャンスは誰にでもある。

でも、自分はただのレジ係だからと、下を向いてバーコードを入力し、釣り銭を手渡していればいいと考えていたらそこで終わってしまう。どこにいても、自分の能力を発揮させることはできるし、役に立とうと思っていれば機転も利くようになる。どこにいても、何をしていても、自分の考え方次第、気持ちのもちようで、見える景色は変わる。

仕事だけではない。結婚して、子どもを産んで育てることも、社会の一員としての役割だと思う。立場や役割が違っても、物事に臨む姿勢は違わない。

例えば、子どもは親から守られながら育つが、結婚して夫婦になって一つの家庭をもったら、妻や夫という役割が加わる。お嫁さんやお婿さんとしての立場もある。子どもを産んだら今度は自分が親になる。子どもが学校に行くようになれば、ＰＴＡとしての役割も出てくるだろうし、孫ができたら、おじいちゃん、おばあちゃんの立場になる。社会の見る目や自分の立場は、年齢や状況の変化によってそれぞれに違っていくわけだ。

立場や役割の変化に合わせて自分の意識も変えていかないと、常に自分中心でしか物事を見ることができなくなる。それが最も困りものだと私は思っている。

状況や立場の変化を自覚しながら、社会を意識して期待に応えていくことが大事だ。それを実行するために、いろいろな知識の吸収も必要だろう。仕事だけでなく遊びも含めて、幅広い経験をしていくことが大切なのだ。

私は、稲盛和夫さんが主宰する「盛和塾」に参加している。この塾は、もともと京都の若手経営者たちが京セラの現名誉会長である稲盛さんから、人としての生き方や経営者としての考え方を学ぼうと集まった自主勉強会として始まったと聞いている。私が入塾して十年になる。

私はいま、経営者という立場ではあるけれど、クライアントとの打ち合わせから、企画・デザイン、紙漉きから現場への搬入まで、すべてを行っている。どの事柄も自分ではまだまだ十分だとは思っていないから、いつも精いっぱい頑張っているつもりだが、周りの人たちは私に、耳障りのよい言葉しかかけてくれない。年齢とともに至らないところを指摘してくれる人も少なくなるので、人に言われて気づくのではなく、自分から自分の至らなさに気がつくことができるところに身を置かないといけないと思って参加させていただいている。

定例の講義などがあると、時間をやりくりして勉強会に出席するのだが、私はまだまだ努力が足りない、もっと考えなくてはいけないと、自分自身のことに気づかされる。

稲盛さんの言葉の中に「利他」という精神がある。「利他」とは、他を利する、ということ。その言葉を聞いたとき、それこそ私が思い続けてきた「人の役に立つような仕事がしたい」ということではないのかと思った。私の、腹の底からのパッションにも相通じるものがあった。

「盛和塾」は、私自身が反省する機会を得る場であり、自分の思いをどう人に伝えるのか、その対話の方法を学ぶ場所でもある。広い視野をもち、多方面からつき詰めていくという、ものづくりにも、人としての生きざまにも直結した考え方に気づく機会を与えてもらっている。

居心地のよさは自分でつくり出す

ワンフロアに二部屋しかない、小さな十一階建てのマンションが私の住まいだ。十五年前にパースと間取り図を見ただけで、購入を決めてしまった。広さや部屋の配置は気に入ったけれど、実際のエントランスはひどかった。およそ美しいとは言えないし、雨よけにもならない金網のアーチが張ってあったり、変なところに壁があって通りにくいし、デザインがよくない。

エントランスは毎日出入りするところだから、私が自分で何とかしようと考えて、購入初年度にマンションの理事になった。理事会は月一回開かれる。本来理事はもち回りだが、私は毎年立候補して、いまでも続けている。

毎年、一回目の理事会は私の家で開いた。私の部屋は和紙を使ったインテリアにリフォームしてあって、生活感がない。仕事で夜中に帰ってきたり、パーティのために着物で出かけて行ったり、出張ばかりして家にいないことが多いので、周りから「一体何をしている人だろう」と興味をもたれていたのは知っていた。そこでまず、私が何者であるかを全員に知ってもらうことが先決だと思ったのだ。素性がわかれば、エレベーターで会っても「テレビで拝見しました」とか「雑誌で見ました」と応援してくれる。留守をしても何か異常があると電話をしてきてくれるようになり、だんだんと居心地がよくなった。

エントランスの必要のない部分を取り除きたいと思っていた私は、十四年目にマンションの改修を進めるに当たって、「エントランスをシンプルに改装して和紙の光壁を寄贈させて下さい」と提案した。信頼関係が出来上がっていないうちに、そんなことを言い出しても、反対されるに違いない。当然改修などできなくなる。

自分が住んでいるところは、自分で責任をもち、よりよい環境にしていく。結果的に周りの人にも喜んでもらえるものをつくりたい。どんなに忙しくても理事会には出席していたら、次第に住人のみなさんに頼りにされるようになり、長期改修のタイル の選択も、私が担当できることになった。

快適な住まいというと、ボタン一つで空調が効くとか、セキュリティがよいとか、蛇口をひねればお湯が出るといった機能的なことを考えがちだが、本来、大切なのは居心地のよさだと思う。快適さの概念はみんな同じようなものだが、居心地のよさは千差万別、人それぞれだ。年齢によっても感じ方が変わる。そして、近隣との関わりも大切な要素になる。

マンションのエントランスの改装もこうした考え方で進めた。周りから「よかった、マンションの価値も上がったわ」と喜ばれ、住人の一人からは「毎日和紙の光壁に触って、行ってきますと出かけて、ただいまと帰ってくるんです」と言われ、感動した。マンションには、女医さんやネイルアーティストなど、いろいろな職業の方が住んでいて、理事会のあとで飲みに行き、芝居や音楽の話で盛り上がる。おかげで、私のマンションには集合住宅にありがちな問題は起きていない。自転車置き場も整然としているし、共益費の滞納者もいない。

マンションは、近所付き合いがないから楽だという人もいるが、それは違うと思う。居心地のよさは、何もしないで待っていれば誰かがつくってくれるものではない。自らつくり出していくものだ。

生きざまは自分で選ぶ

遺言状のススメ

二〇〇〇年の十月、三十八歳のとき、子宮がんが見つかった。

独立して、責任のある立場になったので、健康診断でも受けておこうかという軽い気持ちからだった。胃にポリープがあるのはわかっていたが、良性のもので、ほかには異常はなかった。しかし、私も女性だということを思い出して、念のために婦人科検診も受けてみた。そこで、思ってもいなかった宣告を受けたのだ。

何回も検査をしたら、「初診は間違いでした」と言われるに違いないとひそかに思っていたのに、十二月に、初期ではあるけれど子宮がんとはっきりと診断を下された。医師は、将来子どもを産むかもしれないからと言って、治療の方法をいくつか提示してくれたが、私は「産みません」と断言して、子宮全摘出、お腹を切る手術を選んだ。

すぐに入院の手続きをしたが、年末年始だったので病棟が空いていない。一月の中旬まで待たないといけない。正直なことをいうと、私は、内心少々あせっていた。初期のがんとはいえお腹を切って手術をするわけだし、若いから進行も速いだろう。医師は医師の立場から最悪の場合のことも言う。仕事の予定はびっしりと入っている。一週間ぐらいずっと悩み、落ち込んでしまった。

そして、遺言状を書くことを思いついた。もし、私に万一のことがあれば、きっとみんなは困るだろうから、何か書き残しておかなければならないと。ただ、それが手紙のような普通のメモだったら、法的に効力を発揮しない。正式に弁護士を立てて、公正証書として残さないといけないと考え、真剣に取り組んだ。

財産といえるほどのものはない。現金がいくらで、誰に渡して、どこに寄付をするなどということを決めるのは、難しくなかった。一番明確にしておかなくてはならないのは、仕事のことだ。デザイン画を描いた後に、実寸での検討段階で、和紙の厚さや繊維の太さ、密度を決めるなど、スタッフと進める仕事の行程には私のチェック段階がいくつかある。

私が最悪の事態になった時点で、作品のチェックがどの段階まで終了していれば、そのまま進めてよいのかを明確にして、チェックが済んでいないものは違約金を払ってでも完成させてはいけないなどと、細かく書き記していった。堀木の最後の作品だから、何とか完成させなくてはならないと、曖昧《あいまい》なまま仕上げてしまうことがないようにする必要があった。

いままでやってきたこと、いまやっていること、これからやろうとしていることなども書き始めたのだが、結局、これからしなくてはならないことを書き連ねることとなった。書いているうちに自分が行わなくてはいけないことが、どんどん具体的に見えてきて、いくら書き残しても際限がないことに気づいてしまった。独立したときに新たに募集して入ってきたスタッフたちは、誰がどうやって育てるのか。彼女らはまだ一人で仕事ができるところまで育っていないし、いまの時点で、私の仕事を私抜きで誰かに任せるわけにはいかない。

私は、遺書を書きながら「とにかく生きなくては」と強く念じた。結果、具体的に書き連ねたことを、その後三年間のうちに、超スピードで実現してしまうことになる。もし病気にならなければ、たぶんいまのように仕事の進行は速くなっていなかったと思う。

遺言状に「作品集を出す」と書いた。「仕事内容を映像で残す」とも書いた。大きな和紙の存在を多くの人々に知らせなくてはならないし、資料としても残しておくことが大切だと思ったからだ。

手術をして仕事を再開した後に、スペインで作品集が出版された。「にんげんドキュメント」というＮＨＫの番組にも登場した。振り返ってみると、遺言状に書いたことは、すべて三年以内に現実のものとなった。

病気になって、自分の目的を具体的に、より明確にすることは、非常に大事なことだと気づかされた。何となく「日々頑張ろう」と言っているときは「頑張ろう」だけで終わってしまうが、「具体的にこういうことをしなければならない」ということが定められたときには、そこに向かって達成するスピードが速くなる。

私はいつも若い人に「何かがしたいと思ったら、まず口に出して、言葉にして誰かに伝えなくてはだめ」と話す。自分でも人と出会うご縁があったときに、冗談のようにでも具体的な夢や目的を話すことにしている。言葉に出していると、いつのまにか自然にそこに向かっているはずだ。

どう生きるかは自分で選べる

がんを境にして、私の人生観は大きく変わった。それまでは、「人間はオギャーと生まれたときから、もう死に向かって歩いている」などと生意気なことを思っていた。でも、自分が実際に全身麻酔をかけられて手術をし、その後、徐々に痛みが消え、日常のいろいろなことがもとのようにできるようになって社会に戻っていくと、人間は生まれた瞬間から死に向かって生きているのではないという確信が生まれた。すべての細胞は、生きるために活動していると感じた。何もしなくても、傷口はふさがり、痛みも消えていく。私が生きるために、私の細胞は生きようとしている。

私は、死というところまでの可能性を宣告された段階で、「人間は、死にざまを選べない」と悟った。がんで、あと何カ月の命だと言われることもあるだろうし、病気でなくても乗っている飛行機が落ちることもある。道を歩いていてクルマにはねられることだってあるし、一分後に地震がきて、壁が崩れて死んでしまうかもしれない。こういうことは、誰にでも起こる可能性がある。死にざまは選べないのだ。

ところが、生きざまは選べる。どう生きるかは、自分で考えて選べるということに気づかされたのだ。

頭に浮かんだのは、父が亡くなったときのことだ。私の父は普通の会社員だった。専業主婦だった母は、いつも父のために六、七品のおばんざいをつくっていた。子どもたちにはハンバーグとサラダなど、バランスのとれたワンプレートの夕食をつくり、父には、父のためだけのおかずが用意される。父は、つまみと一緒に一合か、多くても二合のお酒を毎日嗜《たしな》んでいた。会社が終わったら定時に帰ってきて、定時に晩酌をし、定時に寝る。健康的な生き方をしていた。しかし、六十三歳でがんになり、余命三カ月と宣告され、その三カ月目に亡くなった。

健康に気をつけて規律ある生活をしていたのに、六十代で食道がんになって他界した。父は人様のお世話をするのは好きだったけれども、世話をされるのは嫌がった。だから、最期に人に面倒をかけるのは避けたかったのだろう。明日手術を行うというときに、容態が悪化して亡くなってしまった。母には下の世話どころか、長患いの看護や介護も一切させなかった。そういう死に方は、父らしいとつくづく思う。誰にも迷惑をかけたくないと言っていた通り、本当にそのまま逝《い》ってしまった。みごとな死にざまだ。

がんは、多くの場合、余命がはっきりしている。あと何カ月の命と言われたら、その期間、自分も周りも考える時間がもてるし、心構えができる。急にいなくなるわけではない。自分でこういうふうに死にたいと思っていても、どんな死にざまになるのか自分にはわからない。父のように自分が望む死に方ができる人はそんなに多くはいないだろう。

私は、いますでにがんと宣告されているわけだから、自分が今後どうなるかは不安だけれども、死にざまは選べない。それならば、生きざまだけはきちんと選ぼうと思った。一方で、私がいま、このがんを克服しても私は独身だから、年老いてから、私の面倒をみてくれる人はいないということにも気づいた。他人に迷惑をかけるのは嫌だけれど、そんなふうに思いを巡らせていてもなるようにしかならない。だから、生きざまだけは選ぼうと強く心に決めた。

仕事に対する見方も変わった。自分中心に考えることはなくなった。生きざまということ自体、他人から見た生きようだ。周囲と照らし合わせたときの立場や役割であり、社会における自分自身の利用価値であり、さらに後世に役立つことを残せるかということの判断基準だと思う。私は、何を残せるかはわからないけれど、少しでも社会に影響を与えられたら嬉しいと考えるようになった。

私の役割は、前例がないことを具現化していくことだと再認識した。後進を育てるということに注力するのではなく、新しい境地を切り開いていく私の背中を見てついてこいと伝えていくのが一番よいことだと。

そして、私が境地を切り開くことで、和紙や、伝統産業に関わる人が増えてくることを期待している。「伝統産業は面白い。まだ未来がある」と感じて、従事してくれる人を増やすことが大事なのだという気持ちがいっそう強くなった。つまり、私の役目は、自分の技術や考え方を教えるとか、指導して人を育てるということではなく、より多くの共感者を見つけること、若者を伝統産業に引き込むこと。そのためには、前例がないことを実践して新しい可能性や魅力を示していくことが大切だと思っている。

ぶれない生き方をしていたら、ぶれない死にざまにつながっていくのかもしれない。死にざまは選べないけれど、生きざまを死にざまにつなげることはできるだろう。それを確認するための遺言状だった。死ぬための遺言状ではなくて、生きていくための遺言状づくりとなった。

私は、遺言状を書くことを、周りの人に勧めている。明日死ぬという可能性は誰にでもある。遺言状は死ぬために書くのではなく、安心して生きるために書くという理解をすればいい。自分の生きざまを見据えるための遺言状と思えば、若いときでも書くことができる。そして何年かに一度はそれを見直したい。状況が変わることもあるし、自分の考え方が変わっていくこともある。その都度、見直せば、自分の生きざまが見えてくる。

私には夫もいないし、子どももいないから、あとあと問題を残さず、周りの人間関係が崩れないようにしたい。余分なものがあると、要らないことが起こる。十人のスタッフを含め、周りの人に迷惑をかけないように書き遺しておくのも、思いやりではないのか。遺言状を書くことは、いまの生き方がぶれていないかを見直すよい機会にもなる。

例えば「子どもたちには一銭も残さない」という遺言状を書くのもいい。親が死んだら親の財産が手に入ると簡単に思っている若者がたくさんいる。親は宣言しておけばいいのだ。「お前には一切残さない」という遺言状を書いたら、子どもは自分で頑張るしかないと思うのではないだろうか。覚悟ができる、覚悟をさせる、子どもに対するそのような親心の表現もあるかもしれない。

「精神は病まない」という意思をもって

子宮がんの後、四十五歳のときに、私は乳がんにもかかった。それを知っている友人が、同じように乳がんになって、私に話を聞きにきたことがある。

私は、入院しても昼間からパジャマを着て寝てばかりいてはいけないと話した。昨日まで平気で外を歩いていたのに、今日から一日中パジャマを着てベッドに寝ていろと言われたら、本当に病気になってしまう。

私も入院中は、昼は普通の服を着ていて、検査を受けるときも病室から靴を履いて行った。スリッパで病院の中をうろうろするのは恥ずかしい。誰かにロビーで会ってもおかしくない格好でしか私は病室の外に出なかったし、薄化粧もしていた。夜になったらパジャマに着替えて寝ればいいのだから。肉体は病んでも、精神が病気にならないように心がけた。「死ぬ間際まで、精神は病気になったらだめ」と、私は友人にもアドバイスをしている。

手術後、何日間かは無理をしてはいけないのだろうが、その後はできるだけ前向きに行動する。例えば子宮がんや乳がんなら、消化器は問題ないわけだから、病院食だけでなく別においしいものを食べてもいいはず。「胃腸は特に悪くないのだから、これ食べてもいいですか」など、自分から言い出すぐらいの元気も必要だ。

入院したから急に病人らしくするのではなく、自分の気持ちが一番安定するようなことや自分のやりたいことをお医者さんの許可をもらって堂々とすることが大切。

気持ちのもちようが大事だ。うつむいていたって、前を向いて笑っていたって、同じように時間は過ぎていく。最近は「頑張れ」と言ってはいけないと言われるけれど、私は、「頑張れ」という言葉は使うべきだと思っている。前向きな気持ちをもつように頑張らなくてはいけないのだ。

私は、若いころはモデルをしていたりして、結構はじけていたのだけれど、ピアスの穴を開けられないくらいの怖がりだ。痛いのは嫌だし、耳に穴を開けると運勢が変わるという言い伝えも怖い。近ごろいいデザインのイヤリングが少なくて、お洒落《しゃれ》なデザインで気に入るものはピアスしかない。それでも私はピアスの穴は開けられない。小さな虫も怖いし、お化けも怖い。自分の運勢も変えたくない。仕事では強がっていても、内面は情けないほど気が弱い。

そんな怖がりの私が、今度は乳がんになった。お医者さんが「堀木さん、独身ですよね」と確かめてきて「そうです」と答えると、「海外ならひょっとしたら新しい治療法が見つかるかもしれませんがどうしますか」と打診された。乳房に傷をつけない治療法もあるかもしれないと言うのだ。私は即座に「胸は私のチャームポイントじゃないからその必要はありません」と返した。

「これから結婚なさったりお付き合いする方もいるでしょう」と、医師はやさしい心遣いをしてくれる。けれども「先生、私は好きな人ができても、胸に傷があるからやめておくわ、なんて言うような人とはお付き合いしませんから」と言って、大笑いをした。

人が介在すると、心配をかけてはいけないという気持ちから、冗談を言ったりできるのだが、心の中では、本当は手術が怖かった。でも、爆弾を抱えながら人生を歩むのは嫌だし、だめなものは取ったらいいというのが私の考え方だ。死ぬときが寿命だと思っているので、悩んでいる時間がもったいない。切ると傷ができるといったって、裸で外を歩くわけでもないのだから。

乳房に傷がついたら女性としてどうなるの？　と悩む女性は多い。私も、本当はいまでも、手術後の傷を見るとつらい。でも、それは単に身体の傷に過ぎない。しかし人は、精神が病んでしまってはだめなのだ。胸に傷があるからと、うつむいて悶々《もんもん》と毎日を過ごしていたら、暗い顔になるだろう。肉体は精神が入っている器なのだから、少々へこもうが傷がつこうが関係ない。上を向いて凛《りん》として歩いていけばいいのだ。

暗い顔をしている人に対して、周りの人は同情するかもしれないけれど、それで幸せになれるのか。身体はただの器にすぎないのだときっぱり割り切ることにした。

病気から学ぶことは多い。傷ついたこと、入院したこと、思い通りに身体が動かないこと。私はがんになったことで、普通では気づかないことに巡り合う、よい機会を与えてもらったと思っている。

いつも、いま自分にできることを考える

二〇一一年三月十一日、あの東日本大震災で、私は、自分が命懸けでやってきた仕事が、結局、人の命を救えないということに気がついて愕然とした。

私たちの仕事である伝統産業は、生活になくてはならないものではない。もし生活必需

品をつくっていたら、被災地に大量に送るなどして、役に立つことができたかもしれないけれど、被災地で欲しいのは私たちの和紙ではない。普通の紙皿だ。私がつくる手漉き和紙は、日々の暮らしが日常として行われていなければ役に立たないということに気がついた。

一方で、アーティストはメッセージをもっている。世界の平和やいろいろなことを訴えながら作品をつくる。私たちがつくっているものも、メッセージと言えるかもしれないし、勇気づけることはできるかもしれないが、それは日々の暮らしが落ち着いた段階だ。音楽家ならテレビやラジオのない被災地に行って美しいメロディで人を癒すことができるし、建築の世界にいればすぐに復興の計画に立ち上がることができるのかもしれないが、私たちの手漉き和紙は、このタイミングで役立たせることができない。だからこそ、傲慢《ごうまん》になってはいけないと思った。命懸けで仕事をしているなどと、えらそうなことを言ってはいけないと思ったのだ。もう少し謙虚に仕事をしなくてはいけないと、反省した。

その年の五月、東京で展覧会を行う予定になっていた。展覧会は、大阪のそごう心斎橋本店やそごう横浜店などを巡回してきたものだ。「祈り」をテーマにしていたので、震災直後に開催してもおかしくないと会場側からは言われたけれど、私は思い留まった。そし

「堀木エリ子展〜和紙から生まれる祈り」（スパイラルガーデン）。直径 10m の光床の中央に繭形のオブジェ「命の送迎の器」がある。（撮影：淺川敏）

て一年延期したのである。私たちの表現には照明を使う。世の中は節電、節電と言っている最中で、しかも原発が大変な状態になっているときに、電気を使った展覧会というのは無理があると思ったのだ。

一年後に開いた展覧会は、当初の計画とは大きく変わっていた。いつもの巡回展では、大きな和紙を使って壁からぶら下げたり、天井をしつらえたりしていたから、展示するために膨大な量の器材を必要とする。壁や床、天井や台を構成する器材は、展覧会が終わったら捨ててしまう廃棄物となる。一つの展覧会が終了すると大量の廃棄物が出てしまう。

私の思考はそれを許さなかった。私が、震災後に一年も延期して行う展覧会は、廃棄物を出してはならないと考え、展覧会の構成を変えることにした。体育館でも講堂でも運動場でも、その作品を持っていって置けば展覧会が成り立つ内容に変えた。

人の命は救えないけれど、ある程度生活が落ち着いたとき、何か心温まるものが見たいと求められたときに、要望があれば被災地にも持っていくことができる作品群。どんな場所でも、置くだけで素晴らしい空間を繰り広げられたら、見る人の心に何かを残せるのではないか。

テーマは「祈り」だ。メインの作品は繭《まゆ》形のオブジェ。それは命を見送る棺でもあるし、命が生まれる卵でもあり、ヴィーナスが生まれてくる貝の姿でもある。「命の送迎の器（棺）」なのだ。棺の周りには直径十メートルの湖のような光床をしつらえた。アプローチの通路にはいくつものゲートが鳥居のように立ち並び、その中を進んでいくと、「命の送迎の器」が出現する配置とした。

廃棄物はゼロだ。本来なら、スポンサーからの資金で巡回展の並べ替えができるはずだったが、今回は最初から作品をつくったので、自社でも多額の持ち出しをしてしまった。作品には今後の被災地への巡回を視野に入れて、さまざまな思いを込めた。照明もＬＥＤなので、使用する電力は少ない。一年間という延期のための準備期間は、貴重な時間だった。

そもそも、「命の送迎の器」のオブジェが生まれたのは、父が亡くなったときに見た「木の棺桶」が原点となっている。命を見送るのに「この狭い箱は、何？」と思ったのだ。こんな箱に入れられるのではなく、もう少し希望がもてる送り方はできないのか。生まれ変わってくるのを待つような、あたたかな光に包んで送ることができないのかと思ったのがきっかけだった。

プロフェッショナルに生きる

昨年、五十歳になった。いまの私は、より自然な生き方をすればいいと思うようになってきた。仕事一辺倒ではなく、少々遊び心を加えても自分の生きざまは変わらないし、なおかつ仕事への余裕が出ることで、新たな挑戦に結びつけていけるように思えてきた。

私が最初に実家を出て住んだマンションの部屋は、黒とグレーだけの内装だった。テーブルも黒だし、キャビネットも黒。そのころは黒が流行っていてモダンな部屋だと満足していた。次に自分でマンションを買ったときには、ちょっと濃い木の色が基調となった。そして、いま私が設計している会員制の別荘は、生成《きな》りの自然色で構成されている。

自分の好みも興味もどんどん変わっていく。思考も、楽しく思う景色も、変わってくる。以前は、自分はこうあるべきだとイメージを決めつけていたけれど、ようやく鎧を脱ぐことができたような気がする。

年齢と経験を重ねることで変化した嬉しい状況もある。

私が夢を人に語ることで、諸先輩方から夢の実現に向けて紹介やお手伝いをしてもらい、たくさんの力と勇気を与えてもらってきたが、最近では、私の周りの素晴らしいご縁から、私自身が人のビジョンや試みに対してお手伝いできることが増えてきた。

与えてもらったご縁を、与えてくれた人にお返しすることは難しさも伴うが、同じような役割を演じることで自分も後進にバトンを渡すことができる。私の仕事が人の役に立っていると感じるときも嬉しいが、仕事を離れて周りの人の夢や思いを後押しできることも、とても嬉しいことだ。

プロフェッショナルとは、自分で物事を解決できること、自分でリスクを負って責任をとれること。その上で、物事を進めていくことだと思う。

私自身、プロフェッショナルを自覚したのは、SHIMUSを立ち上げたときだ。できると信じてやっていこうという意志はあったが、いつも不安で自信がなかった。よく人に「成功していますね」と言われるが、そんな実感はない。常に悩んでいるし、何かを求めている。どうなることが成功なのか、いまだに答えは出ていない。

独立したときは、ただ責任を果たさなくてはならないとだけ思っていた。和紙の世界を私が背負うという使命感しかなかった。そして、目の前には依頼主からの仕事があった。とにかく、依頼された和紙を漉くことができる工房を、京都につくらなければならなかったし、そのためには、資金を集めなければならなかった。集めたからには迷惑をかけないように会社を発展させなければならない。なぜそこまで「ねばならない」という強迫観念があったのかはわからないけれど、そう思い込まなければできない仕事だからかもしれない。プロ意識とは、使命感と責任感だと思っている。

時代とともに、リスクを負ってまでも前に進んで仕事をしたくないという人が増えてきたように思う。だからこそ、私の中のプロ意識は目覚めたのである。

エピローグ

日本人たるもの、一度は富士山に登ってみたいと思う人が多いと聞く。同じような感覚で、私も一度は太古から息づいている巨木と景色を見ておかなくてはと思い、屋久島に行った。女友だちと三人で、縄文杉を見に行ったのだ。私はもと陸上部だから、足腰には自信がある。三人で行く山登りの場合は、一番後ろの人が一番大変だとガイドさんが言うから、ガイドさんを先頭に、体力のある私が最後尾を歩いた。

縄文杉に到着するまでの中間地点の辺りに、大きな切り株の内部に入って見上げると空がハート形に見えるポイントがある。そこに辿り着いたとき、ほかの二人が「私たち、ここで待っている」と言う。先に進むのは、自信がないと弱音をはいた。「ここまで来て何言ってんの。縄文杉を見に行こうって言って出発したのに」「こんなところで待ってるのも大変よ」と、私は、とにかくゆっくりでもいいから行こうと励まし、二人をその気にさせて上まで登っていった。

ところが、帰り道、私の右膝《ひざ》が悲鳴を上げてしまった。それ以上歩けないくらい膝が痛くて曲がらない。そういえば、陸上部のとき膝を痛めたことがあると、遠い昔の記憶を思い出した。日常生活では一切問題はなかったのに、痛くてたまらない。ガイドさんに背負ってもらうなんていうことは自分自身が許せない。とにかく自力で降りようと思ってついて行くのだが、どんどん遅れてしまう。

すると、私が遅れていると知ったガイドさんは、さりげなくしゃがみ込み、ほかの二人に「この花はね」とか「あの山の姿は」などと説明を始めるのだ。私が追いついたところで「じゃ行きましょうか」と、またさりげなく歩きだす。

私は、日常の仕事で私のペースについて来られないスタッフに対して、「やる気がない」とか「この人はだめだ」と思っていた。ついて来られないということ自体、努力が足りないのだと叱っていた。ついて行きたくても、ついて行けない人がいることすら気づいていなかった。

私が膝を痛めたように、人には誰にでも体力的な限界、思考の幅というものがある。このガイドさんのように、私は自分のスタッフをこんなふうにさりげなく待って、一緒に連れていくような配慮をしてあげたことはなかった。旅から戻って深く反省した。

それまで誰からも指摘されたことがない自信過剰や思い込みにも気づいた。ほかの二人は元気に下山しているわけだから、実は、私が一番体力がなくて、私がみんなの足を引っ張ってしまった。最初の自信は何だったのか。結局私が一番弱くて、一番迷惑をかけている。私がみんなを待たせていたのだ。無謀もだめだし、自信過剰もだめだと、そのときに気がついた。

この出来事は、ほんの二年ほど前のことだ。こうした一つ一つの出来事が自分にとって大きな学びになっている。そして感謝の気持ちや反省の気持ちが生まれたりすることは、とても大事なことだと思った。

私はあのとき完全に弱者だった。高校の陸上部のときはどちらかというとほかの部員の足を引っ張るほうだったのだが、大人になって、いまの仕事を始めてからは、そのような気持ちになることはあまりなかった。常に自分が前に立ってリードしていると思っていたし、自分は強いと信じていた。しかし本当は弱いことを知っているから、強いふりをしていたのかもしれない。

私はいままで、わき目も振らずに突き進んできた。若い人たちには、黙ってついてきなさいと体で示しながら先頭に立ってきた。でもこれからは、自分の弱さも認めて、少しゆっくりと進む必要があるかもしれないと思い始めている。まるで機械のように休まずに走り続けてきたけれど、年を重ねるとともに人間味を取り戻すことができるようになった気もする。

いま私は、月に二、三件、講演会の要望をいただく。足を運んでくれる人は、私のパッションを感じたいと思って来てくれるようだ。でも強いことばかりを言っていても、私も普通の人間だ。パッションのあるときばかりとは限らない。自分の気持ちが折れているときでも、講演会に向かわなくてはいけない。暗い顔をして、大勢の人の前に立っても意味がないだろう。みんな私の話だけを聞きに来るわけではない。はつらつとした堀木エリ子を見に来るのだろうから、やはり期待通りの元気な姿で演台に立ちたい。私の姿を見て、私の話を聞いて、何か一つでもきっかけを見つけて晴れやかな顔になって帰ってほしいから、私は元気なふりをする。

ところが、講演が終わるころには、折れていた私が本当に元気になっているのだ。これは、非常に大事なパッションの生み出し方だと思う。元気がないときに元気なふりをすることで、結果的に元気になっていく。私の話を聞いてくれている人たちから、私も元気をもらっている。

こういうことは、外で働いている人だけでなく、誰でも同じだと思う。例えば、家庭で子育てや家事に専念している主婦の人にも言えることで、多少辛いことがあっても、お母さんができるだけ元気な姿をして明るく家族に接していれば、それだけで家族から元気をもらえることになると思う。

私は、大義名分でこの仕事を始めた。職人さんのためとか、伝統産業のためになどという大義名分だ。若いころから本当にそう思っていたかというと、実際は、仕事自体が自分の生き甲斐だったり、自分の幸せのためだったかもしれない。でも、和紙のため、伝統産業のため、職人さんたちのためと言い続けることで、大義名分は血肉化していった。

私は、職人さんが紙を漉く姿を目の辺りにして以来、何のてらいもなくまっさらな気持ちで和紙の世界に飛び込んだ。そして、感じたことは何でも言葉にして私の気持ちをいろいろな人に伝えてきたつもりだ。和紙について学術的に研究をしたわけでもなく、修行に励んだわけでもない。すべては実践することと発言することで、いまの自分がある。

そうあるべきと思って口に出していることが、自分の中でいつの間にか当たり前の思考になっていた。不思議だが、自分の生きた道を語り、目指す方向を言葉にしていると自然にその通りになっていくものだ。私は、思いを言葉にするということがパッションを生み、人とのご縁を深め広げていくのだと確信している。

刊行に寄せて

堀木エリ子が歩んできた道

鹿目尚志

最初の出会いは、僕の主催するスキーツアーだった。年齢は二十二歳、宝塚歌劇の男役といった印象を受けた。そのとき、堀木エリ子は京都にある和紙を開発する小さな会社の経理を担当していた。高校卒業後の四年間に勤めた誰もがうらやむ大手銀行を捨て、和紙を扱う会社を選んだのは、きっと彼女特有の直感が働いた故に違いない。堀木には独特の嗅覚があるのだ。

そして、時を経ずしてチャンスが訪れた。和紙漉きに同行することになったのである。福井の豪雪の中、岩野平三郎製紙所での紙漉きは厳粛で、その張りつめた時空間は神聖でさえある。一瞬の呼吸の乱れも許されない作業の中から生まれる和紙と出合い、堀木はいままで見たことも経験したこともない衝撃的魅力に取り憑《つ》かれたに違いない。そして、この仕事こそ、生涯を貫く天職であると心に刻み、迷うことなく和紙の道に突き進んだのである。

堀木のすごさは、伝統的和紙一般には見向きもせず、誰もが想像すらしなかった「大型和紙による、建築空間における和紙造形」というコンセプトを掲げたことだった。当時の急激な都市開発によるビルラッシュと生活環境の激変を見通し、インテリア空間、商空間に大型和紙の未来像をいち早く予知したのである。

堀木は、経営の基盤である顧客確保を図るため、文化・デザインのメッカとなっていた六本木のアクシスギャラリーで展覧会を開催した。各ジャンルの作家に大型和紙を提供し、それを自由に創作発表してもらうことによって大型和紙の可能性と汎用性《はんよう》を探り、データを収集することで将来へのビジョンを描くことに成功したのだった。展覧会は大成功を収め、堀木は思わぬ大反響の中、華々しいデビューを果たし、続く第二回展によって、その存在は確固たるものとなっていった。

日本古来の文化でもある和紙を現代のコンクリートの空間にマッチさせるべく堀木は数限りないアイデアを駆使した。作業場における堀木の形相は阿修羅《あしゅら》のごときである。空間を引き裂く鋭い叫び、それは少しの手の弛《ゆる》みも許さない緊張の連続の表現でもある。堀木の厳しさに耐えられず、多くのスタッフたちが去っていった。

和紙に込められた魂は、完成と同時に、何事も無かったかのごとく永遠を感じさせる優しさと温《ぬく》もりに変わる。一睡もできないほど限られた時間内での設置、破損させてはならないという緊張、その連続の中に堀木の生き甲斐がある。すべてが終わったとき、堀木はそれまでの厳しさからは一変し、安らぎとほほ笑みで人と接する。コラボレーションする著名人や建築家やデザイナーたちのクリエイティビティや人間性に磨かれ、堀木エリ子は天職の和紙を究めていく。「さすが堀木さん」という言葉に出合うため、堀木の努力は尽きることがない。

二〇一三年三月吉日

（かのめ　たかし　パッケージデザイナー）

堀木エリ子《ほりき　えりこ》 年譜

1962年　京都生まれ。
1987年　小田章株式会社に入社、和紙部門のSHIMUSを設立、創作手漉き和紙の制作販売に携わる。
2000年　株式会社堀木エリ子&アソシエイツ設立。

作品展・舞台美術他（抜粋）

1988年　「粋の構造」展（東京／西武池袋本店スタジオ5）
1991年　フィンランド巡回和紙展（フィンランド／民芸工芸博物館他）
1992年　アビターレ・イル・テンポ・ヴェローナ国際家具見本市（イタリア／ヴェローナ）
1993年　「Japanisches Licht」展（ドイツ／フランクフルト・メッセ）
1994年　「Autonoom Licht」展（オランダ／クンストハール美術館）
1996年　「Paper Road」展（デンマーク／ナショナルミュージアム）
1997年　「WEED」展（和歌山／県立近代美術館）
1998年　「柔らかなスクリーン」展（東京／東京デザインセンター ガレリアホール）
1999年　「ヨーヨー・マ・シルクロードプロジェクト」舞台美術（N.Y.／カーネギーホール）、
「進化する和紙」展（東京／銀座三越8階ギャラリー）
2000年　「サローネ・デル・モービレ〜部屋と秘密」展（イタリア／ロトンダ・デラ・ベサーナ）、
「ハノーバー万国博覧会日本館」ランタンカー〝螢〟制作（ドイツ／ハノーバー）
2001年　「JAPAN DESIGN nouvelle génération」展（フランス／パリ）
2003年　「Japó, tradició i futur」展（スペイン／バルセロナ）
2004年　「和紙と光のアート」展〜堀木エリ子の世界〜（東京／パナソニック汐留ミュージアム）、
「浜名湖花博」伎楽面制作（静岡／浜名湖ガーデンパーク）
2005年　「Wings of Love」展（インド／ムンバイ）、
ラファエル・アマルゴ舞踏団「ドンキホーテ」舞台美術（スペイン／オペラ座）
2006年　「Lacquer & Paper」展（イギリス／ロンドン）
2007年　「堀木エリ子展〜二枚の和紙による空間〜」（東京／ギャラリー ル・ベイン）、
「堀木エリ子の世界展〜和紙から生まれる祈り」
（神奈川／そごう横浜美術館）
2008年　「堀木エリ子の世界展〜和紙から生まれる祈り」（大阪／そごう心斎橋本店）
2009年　「愛でるあかり」展（東京／ブシュロン銀座）、

「堀木エリ子の世界展〜和紙から生まれる祈り」(山口／山口県立美術館)
2010年　「上海万国博覧会日本産業館」誕生の軌跡／会場構成(中国／上海)、
「名家の逸品〜礼の家・宴の美〜」会場構成(東京／ホテルオークラ東京)、
「西本智実 in 南座 ジルベスターコンサート大晦日大演奏会」舞台美術
(京都／南座)
2011年　「名家の逸品〜母から娘へ〜」会場構成(東京／ホテルオークラ東京)、
ミラノサローネ ユーロルーチェ「Baccarat Highlights」(イタリア／ミラノ)
2012年　「名家の逸品〜真朱の夜明け〜」会場構成(東京／ホテルオークラ東京)、
「堀木エリ子の世界展〜和紙から生まれる祈り」(東京／スパイラルガーデン)
2013年　「MIDLAND SQUARE 6th Anniversary」アートワーク
(愛知／ミッドランドスクエア)

作品展(企画)

1988年　内田繁・鹿目尚志・喜多俊之・葉祥栄が創る和紙造形展
1991年　伊東豊雄・杉本貴志・竹山聖とSHIMUS 和紙展

インテリア(抜粋)

1989年　旅館「水明館臨川閣」フロント額装・ロビーラウンジ壁装
1990年　歌舞伎座東新館ギャラリー「皀」「洗心」光壁
1991年　西武池袋本店「6F 染色サロン」タペストリー
1992年　レストラン・バー「雪月花(東京)」エントランス光壁、
「大樋ギャラリー」展示室天井照明
1993年　イベントホール「サッポロファクトリー」ホールパーティション、
結婚式場「白雲閣」孔雀の間光壁
1994年　「奥阿賀ふるさと館」灯り・和紙ボックス 企画・展示作品、
「四季彩一力」エントランスモニュメント・天井照明 他、
美濃市立「美濃和紙の里会館」展示室パーティション
1995年　「ホテルセントノーム京都」エントランス光壁、
バー「雪月花(京都)」光壁、
香港ペニンシュラホテル「今佐」レストランパーティション
1996年　「とちぎ健康の森」エントランス光壁、
「東京都豊島合同庁舎分室」玄関シャッター光壁、
「鳥羽シーサイドホテル」エレベーター扉
1997年　「酒田市美術館」エントランスパーティション、

2009年　「西村あさひ法律事務所」エントランス光壁、
「成田空港高速鉄道線 成田空港駅・空港第2ビル駅」光ゲート和紙アートワーク、
「念法眞教 総本山 金剛寺」本坊タペストリー
2010年　「ロッテシティホテル錦糸町」フロント・エレベーターホール光壁、
「マザックアートプラザ」エントランス光壁、
「パシフィコ横浜」エントランス光壁、
「上七軒歌舞練場」緞帳、
「東京アメリカンクラブ」タペストリー・ライトオブジェ
2011年　「SSJ品川ビル」エントランスタペストリー、
「シーボン．パビリオン フォーラム」光柱、
「ブランシエラ吹田片山公園」「ブランシエラ浦和」エントランス光壁、
「太閤園」オーキッドテラス 高砂光壁
2012年　「gentenフィレンツェ店」光柱・光テーブル・ライトオブジェ、
「ダイワロイネットホテル京都四条烏丸」フロント光壁、
「マールブランシュ京都北山本店」光天井、
「マリントピアリゾート 日置浜ヴィラ」内装設計・光壁
2013年　「オリーブベイホテル」バー内装設計・光壁 他

受賞

2001年　日本建築美術工芸協会賞（社団法人日本建築美術工芸協会）
2002年　インテリアプランニング 国土交通大臣賞（財団法人建築技術教育普及センター）、
あけぼの賞（京都府）
2003年　日本現代藝術奨励賞（財団法人日本文化藝術財団）、
ウーマン・オブ・ザ・イヤー2003（日経ホーム社出版「日経ウーマン」）、
女性起業家大賞（全国商工会議所女性会連合会）
2006年　SDA賞／サインデザイン優秀賞（社団法人日本サインデザイン協会）
2009年　「Joie de Vivre（いのち華やぐ）」賞（C.I.V.C. 日本事務局）
2011年　京都創造者賞／アート・文化部門（京都創造者大賞顕彰委員会）
2012年　「The Trebbia European Award for Creative Activities for 2012」
（TREBBIA財団／チェコ共和国）

大阪城「天守閣」展示室パーティション、
ホテルグランヴィア京都「レストラン ラ・フルール」ライトオブジェ、
細見美術館「カフェキューブ」タペストリー
1998年　「北九州メディアドーム」貴賓室光壁、
「米子コンベンションセンター」貴賓室光壁、
「成田国際空港第一ターミナル」北棟到着ロビー ライトキューブ
1999年　「メルパルクKYOTO」エントランス光壁・ライトオブジェ 他、
「仙台文学館」展示室廊下光壁、
「神戸中央郵便局」エントランス光壁・階段タペストリー、
ホテル「KKR博多」エントランス ライトオブジェ・カフェ光壁
2000年　「武雄市図書館・歴史資料館」エントランス光天井、
万博公園「迎賓館」エントランス光壁・ホール光天井 他、
「キャンパスプラザ京都」外壁 他
2001年　「SHIMUSリビング」ショップ 企画内装・商品制作、
「善き牧者愛徳の聖母修道会本部修道院」タペストリー
2002年　「上野原縄文の森展示館」エントランスホール ドーム・天井オブジェ、
「広島県五日市斎場」炉前ホール・収骨室　光天井・パーティション
2003年　椿山荘「資生堂美容室」エントランスタペストリー、
「米子全日空ホテル」エントランス光壁
2004年　「ヒルトン大阪」ライトオブジェ、
東京大学「総長室」光天井、
「NTTコミュニケーションズ」エントランス光壁・タペストリー 他
2005年　「BENIHANAサンフランシスコ」天井照明、
「そごう心斎橋本店」B1F・1F・14F吹き抜け部アートワーク
2006年　「日本生命横浜本町ビル」エントランス光壁、
「JA 共済幕張研修センター」1～3F 光柱・1F ロビーライトオブジェ、
「成田国際空港第一ターミナル」南棟到着ロビー 和紙モニュメント
2007年　「東京ミッドタウン」ブリッジ光壁、
「千代田区新庁舎」タペストリー・光壁 他、
「ニューヨーク髙島屋」エントランス ライトオブジェ、
「ザ・ペニンシュラ東京 ザ・ペニンシュラスパ by ESPA」光天井・光壁 他
2008年　「井上眼科病院」ロビータペストリー、
「在日フランス大使館 大使公邸」パーティション、
「Turandot游仙境 横浜店」タペストリー・光壁・間仕切りパネル

堀木エリ子（ほりき えりこ）

和紙作家。1962年京都生まれ。高校卒業後、住友銀行を経て、1987年小田章株式会社に入社、呉服問屋の和紙部門としてSHIMUSを設立し、2000年株式会社堀木エリ子&アソシエイツ設立。

「建築空間に生きる和紙造形の創造」をテーマに、2700×2100㎜を基本サイズとしたオリジナル和紙を制作。和紙インテリアアートの企画・制作から施工までを手掛ける。近年の作品は「東京ミッドタウン」「パシフィコ横浜」「在日フランス大使館 大使公邸」「成田国際空港第一ターミナル到着ロビー」のアートワークの他、N.Y. カーネギーホールでの「ヨーヨー・マ・シルクロードプロジェクト」の舞台美術等。著書に『和紙の光景―堀木エリ子とSHIMUSのインテリアワークス』（日経 BP 社）、『ERIKO HORIKI-Washi in Architecture-』（スペイン、トリアングラ・プスタルス社）、『和紙のある空間―堀木エリ子作品集』（株式会社エー・アンド・ユー）がある。

公式サイト http://www.eriko-horiki.com

写真提供
淺川敏／小学館『和樂』編集部／
新建築社写真部／
松村芳治／三浦憲治／
堀木エリ子&アソシエイツ（表記以外の写真）

ソリストの思考術《しこうじゅつ》
堀木《ほりき》エリ子《こ》の生《い》きる力《ちから》

発行日　二〇一三年三月六日　初版発行

著　者　堀木エリ子

企画・編集　只井信子
執筆協力　前みつ子
校　正　鷗来堂
企画協力　小川和久

発行者　藤井一比古
発行所　株式会社六耀社
〒一六〇-〇〇二二
東京都新宿区新宿二-一九-一二　静岡銀行ビル五階
電話〇三（三三五四）四〇二〇（代）　FAX〇三（三三五二）三一〇六
振替〇〇一二〇-五-五八八五六

印刷・製本　中央精版印刷株式会社

ISBN978-4-89737-729-2

本シリーズ「ソリストの思考術」は、六耀社40周年を記念して企画されました。
この本へのご意見、ご感想等は弊社ホームページまでお寄せください。
http://www.rikuyosha.co.jp/
E-mail: books@rikuyosha.co.jp